AF247548

El acuario. Guía para idearlo y construirlo

COLECCIÓN ANIMALES
DOMÉSTICOS Y ACUARIOS

Angelo Mojetta

EL ACUARIO.
GUÍA PARA IDEARLO
Y CONSTRUIRLO

EDITORIAL DE VECCHI, S.A.

El autor agradece la colaboración prestada por la empresa milanesa Nuku-Nuku.

Proyecto gráfico de la cubierta: Emmeteam (Milán)
Foto de cubierta de Marco Giberti
Fotos interiores de Marco Giberti y del autor

Editorial De Vecchi, S. A.
Balmes, 247. 08006 BARCELONA
Depósito Legal: B. 26.178-1996
ISBN: 84-315-1096-X

Índice

El proyecto del acuario

- Cómo y por qué nace un acuario
- El acuario bien equilibrado
- La ecología del acuario
- Últimas indicaciones

CÓMO Y POR QUÉ NACE UN ACUARIO

El mundo acuático ha atraído siempre de una forma irresistible al hombre. El limite de la superficie del agua, ya sea del mar o de un río, ha representado, desde siglos, un reto al ingenio y a la curiosidad del hombre, que siempre ha deseado destapar aquel velo que lo separa de un mundo fantástico, hoy fácil de observar en libros y documentales. Un acuario, sea del tipo que fuere, representa un mundo acuático nuestro, un medio en el que se puede reconstruir, con gran fidelidad si es necesario, gran parte de los hábitats sumergidos; un acuario permite crear un oasis natural a medida en el que poderse refugiar tras una larga jornada de trabajo, en busca del merecido descanso. Incluso los psicólogos han admitido el efecto tranquilizador de un acuario, poblado con plantas y peces de varios colores; una buena prueba de este efecto es la presencia de acuarios en muchos consultorios médicos, especialmente de odontología, así como en la sala de espera de estudios profesionales, lugares en donde las tensiones, el estrés y el ansia son tan frecuentes.

Cualquier tipo de acuario —el del elegante despacho de un arquitecto, ingeniero, diseñador o biólogo, el de la sección de proyectos de una fábrica de acuarios o el de la vivienda de cualquiera de nosotros, simples aficionados— nace siempre de un estudio previo. Evidente, pensarán muchos. Sin embargo, esta especificación sirve para dejar bien clara una cosa: un acuario no surge nunca de la nada, por casualidad. Es posible que la idea de adquirir un acuario se nos ocurra tras haber visto una película, haber visitado un negocio del ramo o haber disfrutado de un bonito ejemplar en casa de unos amigos; pero su realización requiere un estudio y una búsqueda de informaciones previas, aunque muy sencillas (por ejemplo, ¿puede el suelo soportar el peso de aquel acuario de dos metros con el que soñamos desde hace dos meses?), que nos permitirán luego disponer de un acuario que merezca realmente llevar este nombre. Todo ello no significa, desde luego, que sólo los acuarios grandes sean interesantes. Los acuarios más pequeños, siempre que estén bien formados y equilibrados, pueden resultar también muy agradables y apasionantes. Aunque, como es lógico, para disfrutar de ciertos aspectos habrá que recurrir a acuarios de unas ciertas dimensiones.

En España, como en otros países europeos, tanto la afición a los acuarios como la ciencia que se ocupa de ellos (acuariología) tienen una tradición bastante reciente. En italia se publicó la primera revista sobre el tema a finales de los años sesenta, lo que significó un punto muy importante en la difusión de este *hobby* (o ciencia, como consideran algunos con bastante razón). Italia ha tenido el mérito de ser el primer país mediterráneo que construyó un acuario público, el de Nápoles, en 1874. Este modelo fue rápidamente imitado por todos los institutos de oceanografía, desde el Woods Hole Institute americano al Museo Oceanográfico y Acuario de Munich.

EL ACUARIO BIEN EQUILIBRADO

Independientemente de la forma de construir el recipiente, el acuario deberá respetar siempre las reglas que la naturaleza ha dispuesto desde hace millones de años y que pueden ser resumidas con las palabras pronunciadas por el inglés W. T. Brande en 1819: «El pez respira aire (en realidad, oxígeno) disuelto en el agua; consumirá el oxígeno que contiene y liberará dióxido de carbono (anhídrido carbónico), que servirá a las plantas para la función clorofílica, lo que produce nuevo oxígeno para los peces.» De una forma más elegante se expresaba en 1862 el autor del primer libro de acuariología publicado en Italia y que tenía como título *Los acuarios*, un libro que podría ser considerado como el antecesor del que ahora están leyendo; el zoólogo Michele Lessona escribía así: «[...] un recipiente de vidrio con agua corriente sobre cuya base se ha dispuesto un estrato de piedrecitas y arena; en aquellas aguas, nunca cambiadas, pero limpias, vivían en perfecta armonía, desde hacía cuatro años, una plantita acuática –la *Vellisneria Spirale*–, cinco peces del género corriente de los Gasterosteidos y algunos caracolitos acuáticos. La *Vallisneria* encuentra en ese recipiente ácido carbónico y amoníaco para fabricar albúmina vegetal en sus propios tejidos, liberando luego el oxígeno del ácido carbónico.

Los peces y los caracolitos respiran este oxígeno y devuelven el ácido carbónico, mientras que sus desechos, al descomponerse, generan amoníaco; las partículas que se desprenden de la *Vallisneria* son comidas por los caracolitos que, a su vez, generan huevos y de estos huevos nacen los embriones que luego sirven de comida a los peces [...] Así están formados los acuarios.» Si lo comparamos con los textos actuales, es posible que algunos términos nos hagan sonreír, pero los conceptos expuestos son aún válidos y este tipo de acuarios autosuficientes ha seguido atrayendo a personalidades famosas, como E. P. Odum y Konrad Lorenz, al que debemos páginas muy interesantes sobre observaciones acuariológicas.

LA ECOLOGÍA DEL ACUARIO

Hemos mencionado las leyes que regulan los fenómenos naturales para subrayar que sólo respetándolas se puede crear un acuario correcto. Es por este motivo que la introducción de los distintos capítulos de este libro se realiza a través de reglas ecológicas muy sencillas. ¿Ecología del acuario? La respuesta es «sí». Aquí se centrará precisamente nuestra intención y trataremos de analizar este fenómeno de la forma más sencilla posible.

Los aficionados saben bien que un acuario es un microcosmos, aunque a veces no disponen de las nociones básicas que sería necesario conocer. En un acuario bien equilibrado podríamos encontrar elementos suficientes para un curso entero de ecología acuática: en un simple recipiente de vidrio se ha aislado un mundo reducido del que nosotros somos sus vigilantes y creadores. Nuestras lámparas fluorescentes, destinadas a iluminar los peces y las plantas, serán el equivalente del sol y los ventiladores

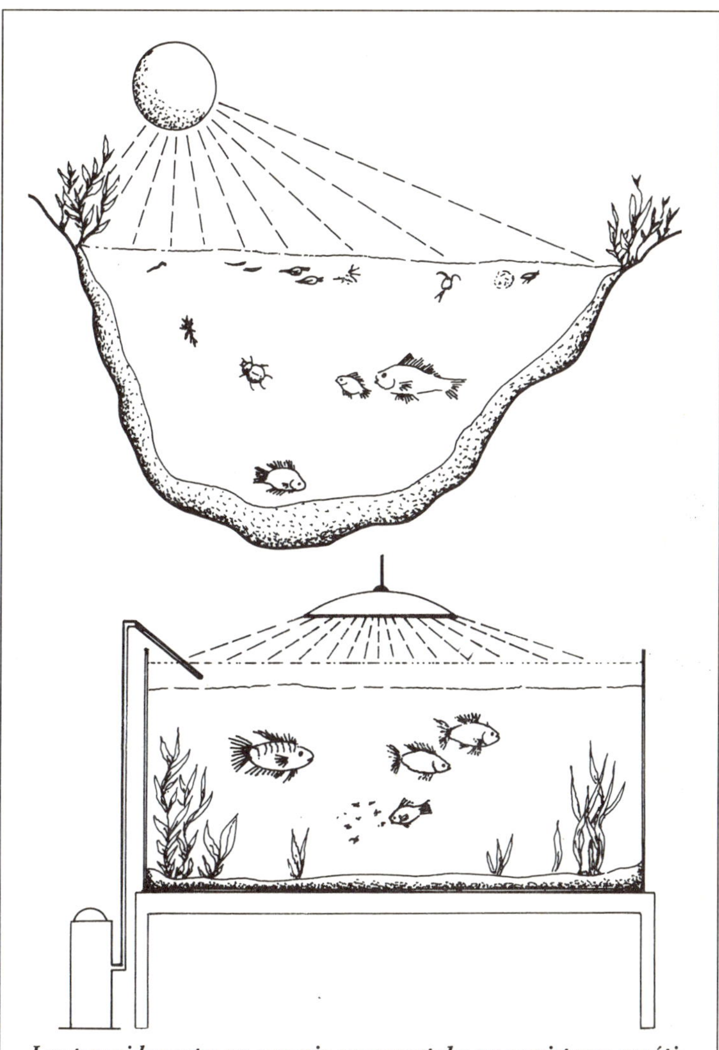

Los parecidos entre un acuario ornamental y un ecosistema acuático son mayores de lo que podría creerse. Esto explica por qué en un
acuario resultan válidas las leyes de la ecología acuática

suplirán en parte la misión de las plantas, suministrando oxígeno al agua. Las bombas se encargan del reciclado del agua y de la creación de corrientes dentro del acuario, exactamente igual que en el interior de un océano, un lago o un torrente, donde las corrientes se encargan de unir entre sí puntos que pueden distar incluso varios miles de kilómetros, creando ambientes homogéneos. En la naturaleza todo tiende al equilibrio —no estático, sino dinámico— y nuestro acuario, precisamente por esa esencia básicamente «natural», no es una excepción a la regla. Los nutrientes que tienden a acumularse se irán descomponiendo y transformando en filtro biológico y contribuirán así a hacer crecer las plantas o las algas, según la cantidad presente y la luz disponible. Si no controlamos estas mismas sustancias, sucederá como en muchos ambientes acuáticos naturales, que llegan a eutrofizarse (crecimiento descontrolado de algas), impidiendo la vida a casi todos los seres vivos. Si se observa con atención un acuario será posible aprender un gran número de nociones, de gran utilidad incluso en nuestra vida cotidiana, para conseguir una relación más correcta con nuestro planeta. Es por ello que el acuario se introduce cada vez más en la escuela, donde se convierte en una gran ayuda didáctica para inculcar el respeto ambiental en los jóvenes.

Los capítulos siguientes introducen al lector, paso a paso, en el descubrimiento del acuario y sus secretos, en todo lo que sucede en el maravilloso, y aún parcialmente desconocido, mundo de las aguas.

Para subrayar el objetivo de esta obra, citaremos de nuevo algunas palabras del libro ya mencionado de Lessona, tal como se hizo también en el discurso inaugural de las Primeras Jornadas de Acuariofilia (1975); este discurso, realizado por el profesor Menico Torchio, director del Civico Acquario e Stazione Idrobiologica de Milán (instituto nacido en 1906, el primero en Italia en un lugar alejado del mar) y actual titular de la cátedra de Biología Marina en la Universidad de Pavía, puede ser considerado como un decálogo aún válido de acuariología:

Tu acuario funcionará tanto mejor cuanto más lo cuides. Colócalo en la habitación donde sueles pasar un número mayor de horas y míralo con frecuencia; verás escenas que pueden ser alegres o terribles, que te entretendrán mucho más que aquellas escenas de teatro que no consiguen disipar tu aburrimiento. Obsérvalo a primeras horas de la mañana, luego durante el día y finalmente al anochecer; coloca una luz detrás de la cubeta para despertar de golpe a sus habitantes; siempre verás cosas nuevas y fascinantes; no es preciso que yo te lo aconseje: un día comenzarás a dibujar los animales y a notar tus observaciones; seguro que terminarás por escribir un bonito libro. Si en lugar de ser un lector eres una lectora, aún te aconsejo esta práctica con más insistencia. Sea como fuere, lector o lectora, te he enseñado una forma de pasar agradablemente algunas horas de tu vida. ¿No crees, pues, que merezco una cierta gratitud?

Ésta es seguramente la mejor de las introducciones que podíamos haber encontrado para todo lo escrito a continuación.

ÚLTIMAS INDICACIONES

Para poder aprovechar mejor las enseñanzas de este manual es preciso citar algunas indicaciones previas. Los capítulos siguientes se hallan estrechamente relacionados entre sí; algunas informaciones han sido repetidas más de una vez, ya sea por necesidad o para conseguir una mayor claridad, aunque cada vez se ha intentado añadir algún

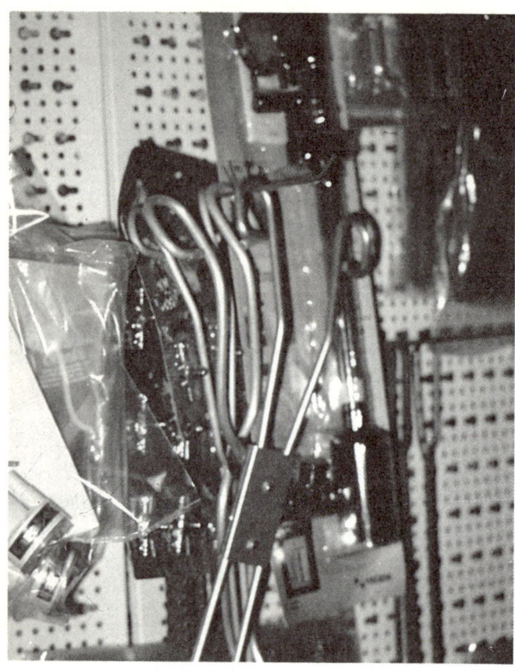

detalle preciso. Ha sido necesario recurrir a una división
en capítulos para agilizar la lectura, pero aconsejamos
—especialmente a los principiantes— que se lean todo el
libro antes de iniciar la *aventura* práctica: sólo así podrán
hacerse una idea precisa de todo lo necesario.

La construcción del acuario

- **Reglas generales y posibles alternativas**
- **Los acuarios de vidrio**
- **Tallado y construcción**
- **Otros tipos de acuarios**

REGLAS GENERALES Y POSIBLES ALTERNATIVAS

La construcción de un acuario puede ser realizada con materiales diversos, pero todos deben tener una característica común: no ser tóxicos. Ésta es la única regla que hay que respetar. En teoría, es posible crear un acuario con una simple bolsa de plástico transparente, siempre y cuando ésta no sea tóxica. El recipiente deberá ser también lo suficientemente resistente para soportar el empuje del agua, que aumenta con las dimensiones, y contener sin problemas los peces y demás seres que iremos introduciendo. La alternativa que se nos ofrece cuando deseamos ser propietarios de un acuario es la de adquirirlo ya construido o de fabricarlo con nuestras propias manos. El

En el momento actual, la mejor solución son los acuarios de vidrio

mercado ofrece en la actualidad una serie muy amplia de modelos, que van desde las sencillas peceras de plástico (que no trataremos en este libro) a los pequeños recipientes de plexiglás transparente de pocos litros de capacidad, dotados de todos los accesorios.

También hay que añadir la posibilidad de oferta de muchas empresas que construyen recipientes a medida por encargo, ya sean cilíndricas, hexagonales o de cualquier forma, con tal de satisfacer a los clientes más exigentes. La regla general a seguir en la construcción de cualquier acuario es —lo repetimos— la utilización de materiales no tóxicos. Para los organismos que están obligados a permanecer toda su vida en un ambiente cerrado como un acuario, la más pequeña impureza corre el riesgo de transformarse, a corto o a largo plazo, en una amenaza mortal. Ha sucedido a veces que en un acuario aparentemente perfecto han acaecido muertes inexplicables, sobre todo

18

Existen acuarios que se venden ya completos, como estos modelos, capaces de satisfacer casi todas las exigencias de los acuariófilos

de plantas o invertebrados delicados, porque había caído un hilo de cobre de la instalación eléctrica y había quedado escondido e invisible en el fondo. Por ello hay que usar siempre materiales expresamente estudiados para los acuarios o, a falta de los mismos, materiales o productos de uso alimenticio o destinados a estar en contacto con los alimentos. En la naturaleza son ya frecuentes los fenómenos de alteración de las características ambientales debidos a sustancias contaminantes y es fácil que todos los lectores conozcan los peligros que estamos advirtiendo.

EL ACUARIO DE VIDRIO

Como es habitual, los materiales evolucionan con el tiempo y, así, se ha pasado de acuarios rústicos de vidrio, no siempre ópticamente perfecto y tal vez sostenido por un armazón de hierro barnizado para protegerlo de la oxidación e impermeabilizado mediante todo tipo de estucos y productos de composición diversa, a las cubetas circulares de materiales acrílicos muy transparentes. No obstante, tanto para los que desean fabricarse su primer acuario como para aquellos otros con una mayor experiencia, el material ideal sigue siendo el vidrio. El vidrio es un material fácil de conseguir y sólo precisa ser encolado con un producto a base de silicona. En primer lugar hay que saber el tipo de vidrio que vamos a utilizar. Para fabricar un acuario hay que partir de placas de medio cristal o de vidrio llamado *float* (hasta 25 mm de grossor), o bien recurrir, en el caso de acuarios muy grandes o de mayor grosor, a vidrio de tipo *plate*, más caro, pero perfecto desde el punto de vista de la calidad óptica. Se consiguen buenos resultados, sobre todo desde el punto de vista de la seguridad, con materiales laminados que alternan placas de vidrio con películas de vinilo. Así se fabrican los llamados vidrios blindados, que ofrecen una gran seguridad en caso de rotura. Menos adecuados son los vidrios templados, ya que las fuertes tensiones internas del acuario (cada vidrio de la cubeta se halla expuesto a presiones

Cualquiera puede construir su propio mundo subacuático con placas de vidrio y silicona

de decenas o incluso de cientos de kilos) hacen que el vidrio, al romperse, se reduzca a fragmentos muy peligrosos, tipo proyectil. El grosor del vidrio utilizado está en función de las dimensiones, pero oscila de 4 a 15-20 mm o más, tal como indica la primera tabla de la pág. 22.

Las siete categorías indicadas se refieren a los valores de las placas de los acuarios que tienen una determinada altura y anchura. En la tercera tabla, que complementa la anterior, se citan las medidas más corrientes de los acuarios. Estos datos permiten no sólo hacerse una idea del material disponible en el mercado, sino que facilitan el cálculo de los proyectos, al partir de materiales disponibles.

Durante el proyecto y la construcción es preciso tener

Tipo	Placas laterales (en mm)	Base (en mm)
A	4	6
B	5	6
C	6	10
D	10	12
E	12	15
F	15	20
G	22	25

Tipo	Longitud (en cm)	Altura (en cm)
A	40	30
B	60	30
C	60	40
D	80	60
E	150	60
F	180	70
G	220	70

Longitud (en cm)	Anchura (en cm)	Altura (en cm)
30	20	30
40	23	30
50	25	35
60	30	36
70	30	40
80	35	44
90	34	44
100	40	50
125	48	65
140	52	70

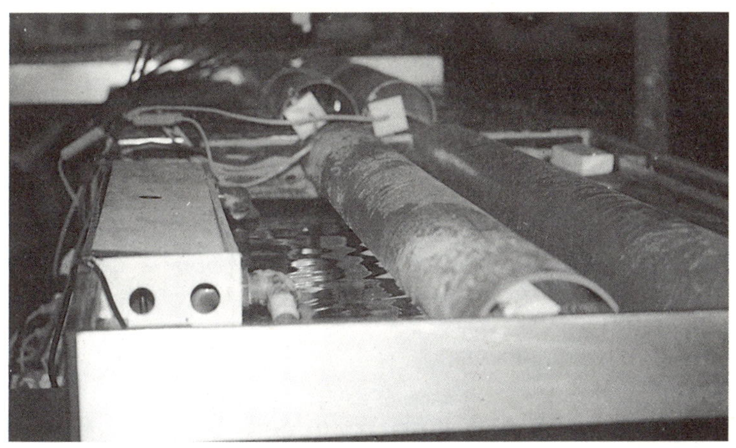

La parte superior del acuario es, muchas veces, más funcional que bonita

también en cuenta algunas reglas de carácter estético (v. de nuevo el capítulo «La construcción del acuario», que están relacionadas con algunas características físicas del agua. Por ejemplo, es preciso considerar con atención la profundidad de la cubeta. Debido a la refracción de la luz, una cubeta llena de agua parece tener una profundidad menor (mitad) de la real. Por ello conviene elegir cubetas que tengan una profundidad igual a la altura, para aprovechar mejor la iluminación y evitar que el acuario parezca demasiado estrecho. De igual forma, se puede planificar la construcción de un acuario ligeramente más alto, de manera que la línea de la superficie quede al final oculta. Normalmente se consigue con una cinta adhesiva de color negro de un cierto grosor, que consigue ocultar la luz de las lámparas. Así se logra que las «ventanas» del acuario se abran exclusivamente hacia el mundo subacuático personal, eliminando cualquier tipo de detalle terrestre. Al proyectar el acuario no hay que olvidar que la parte superior de la cubeta, aunque oculta con una tapa negra, está destinada a convertirse en una especie de almacén, ocupada por las lámparas, los reactores, los ventiladeros y los tubos del agua, si es que no se dispone de otro lugar donde colocarlos. Las paredes laterales oblicuas que forman ángulos de 50° con la placa anterior se prestan muy bien a conferir al acuario una impresión de gran profundidad, a causa de un curioso efecto óptico que hace desaparecer de la vista todo lo que se encuentra cercano a esas paredes.

TALLADO Y CONSTRUCCIÓN

Una vez decididas las medidas de la cubeta, sólo falta dirigirse a un cristalero de confianza para encargar las placas. Es preciso especificar siempre que son para un acuario y pedir que redondeen los bordes: así no habrá riesgos de accidentes durante su manejo. Hay que prestar mucha atención a las medidas, y este consejo no es tan superfluo como podría parecer a primera vista.

Durante la fase del proyecto hay que tener en cuenta que las placas de vidrio deben estar encoladas entre sí para aprovechar el grosor. En un acuario cuyas paredes sean de 5 mm y la base de 40×30 cm es indispensable que las placas laterales no midan 30 y 40 cm de anchura, respectivamente, sino 29 y 39 cm, ya que el centímetro que falta quedará compensado por el grosor de las otras dos placas a las que se encolan. Por ello es tan importante comprobar bien las medidas antes de encargar los vidrios. Los retoques posteriores, consistentes en el tallado de pocos milímetros, no suelen quedar bien.

Una vez conseguidas las placas, es preciso hallar una superficie de trabajo perfectamente horizontal sobre la que

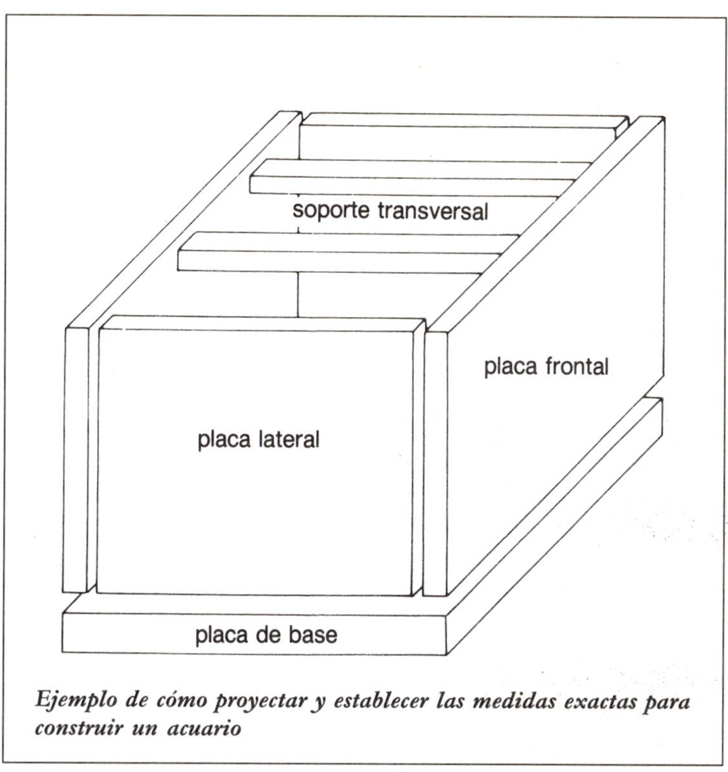

Ejemplo de cómo proyectar y establecer las medidas exactas para construir un acuario

trabajar y, especialmente, sobre la que dejar todo el material necesario durante un tiempo. Es un error creer que un acuario se construye en poco tiempo y que un fin de semana es ya suficiente para concluir el trabajo. Si las prisas suelen ser siempre un elemento negativo, en el caso de los acuarios aún más, ya que un acuario mal construido es una pérdida de tiempo y plantea un doble de problemas. De hecho, y seguro que muchos lo habrán experimentado por sí mismos, no hay nada tan complejo y terrible como eliminar una pequeña fuga en un acuario que pronto ha de comenzar a funcionar.

Una vez hallado el lugar donde trabajar se puede comenzar ya a construir la cubeta. En esta fase, junto a las placas de vidrio ya cortadas, sólo se precisan algunos tubos de silicona (como es lógico, especiales para acuarios) y cinta adhesiva. El descubrimiento de las colas de silicona ha facilitado muchísimo la construcción de los acuarios de vidrio, ya que antes se requería la difícil aplicación de extrañas mezclas de cola y masilla, de preparación casi artesanal. Es posible elegir la silicona que uno desee, siempre que no sea tóxica. Da lo mismo usar silicona transparente o blanca, ya que no existen diferencias esenciales entre las dos.

La construcción correcta del acuario sigue los pasos siguientes:

1. Lavar cuidadosamente las placas de vidrio con agua y un detergente blando (también con alcohol o acetona) (en especial a lo largo de los bordes, en donde se aplicará la cola) para asegurar así una adhesión uniforme. Dejar secar (no hay que olvidar que la silicona no se adhiere sobre superficies húmedas) y evitar tocar con las manos los puntos a encolar. Se pueden usar guantes de polietileno desechables.

2. Apoyar la placa del fondo sobre la superficie de trabajo. Resulta muy cómodo disponer de una mesa en torno a la cual se pueda girar, evitando así el tener que desplazar la cubeta cada vez para poder seguir trabajando. Ahora puede pasarse a extender un hilo grueso de silicona a lo largo de uno de los bordes de la base. Es preciso que el reguero sea uniforme, sin interrupciones ni burbujas de aire. Cuando se realizan operaciones de este tipo, en especial si el acuario tiene un tamaño considerable, con-

viene utilizar grandes tubos de silicona de uso industrial con una presión siempre uniforme. Después de haber realizado esta operación se puede apoyar la primera placa vertical, aplicando una presión ligera y uniforme para conseguir una buena unión. En esta etapa es muy útil (mejor dicho, indispensable) disponer de grandes bloques de madera o de poliestireno (en su defecto, libros viejos de gran tamaño) para sostener momentáneamente la placa en posición perpendicular.

3. Extender la silicona sobre un borde continuo de la base y a lo largo del lado vertical correspondiente a la primera placa vertical. Ahora se colocará la segunda placa. Para conseguir una buena adhesión entre la tres placas hay que ejercer una presión regular y ligera, verificando bien la buena alineación y perpendicularidad de las paredes. La silicona recién aplicada permite realizar aún pequeños cambios y conserva una cierta blandura y elasticidad después de secar, pero si el vidrio está torcido, siempre permanecerá así y deberá soportar presiones anormales y más elevadas que los restantes, lo que acabará creando problemas de aguante. Una vez comprobada la exactitud de la posición, se pasará a bloquear el ángulo triedro así obtenido con los bloques de madera antes citados y con cinta adhesiva para embalaje, esperando luego a que la silicona esté bien dura.

4. Se procede a continuación a seguir con el encolado de las distintas placas, siguiendo el proceso anterior hasta completar todo el acuario. En este punto conviene aplicar un poco de silicona adicional a lo largo de los ángulos interiores de la cubeta. Si el acuario supera el metro de longitud, es aconsejable añadir unos listones de refuerzo perpendiculares a los lados más largos; puede tratarse de plaquitas de vidrio de la misma anchura que la cubeta y de algunos centímetros de altura, de forma que

la cara frontal y la posterior no se curven demasiado por la presión del agua. A pesar de su aparente rigidez, el vidrio es un material elástico y resulta bastante impresionante observar el curvamiento de las paredes de algunos acuarios grandes. Estos mismos refuerzos resultarán muy útiles para sostener posibles estantes o las lámparas.

5. Después de haber esperado con paciencia al endurecimiento de la silicona, se puede comenzar a eliminar las rebabas de las junturas (un truco para evitarlas en parte consiste en aplicar una cinta adhesiva a 1 cm del borde de las placas) por medio de una cuchilla afilada u hoja de afeitar, con cuidado de no forzar la zona de los ángulos para evitar perforar la silicona. Una de las ventajas de esta cola es que, si se rompe una placa, es posible cortarla con cuidado para proceder a la sustitución del vidrio. En ese caso hay que eliminar con mucha atención los restos de silicona y lavar bien el vidrio para asegurar la perfecta adhesión de la nueva pieza.

Al finalizar estas operaciones puede pasarse a la fase de verificación, llenando de agua el recipiente. No obstante, no conviene realizarlo de golpe. Es mejor comenzar llenando una tercera parte de la cubeta y esperar un rato: no hay que tener prisa. Una vez comprobado el aguante del recipiente, se añade una cantidad adicional de agua y se vuelve a esperar. Finalmente se procede a llenar la cubeta hasta arriba, esperando, como mínimo, 24 horas. Las filtraciones de agua suelen tardar algunas horas antes de manifestarse y en ocasiones no lo hacen hasta que el recipiente está lleno del todo y la presión es suficiente para vencer la resistencia. Lo importante es apoyar la cubeta sobre una lámina de poliestireno bastante gruesa (1-2 cm) y de superficie igual a la del acuario, para evitar que la cubeta se rompa, al aumentar el peso, por culpa de pequeñas imperfecciones de la mesa (este truco también vale cuando se procede a la instalación definitiva). No hay que olvidar que una pequeña piedrecita dejada bajo el vidrio es ya suficiente para provocar daños: bajo el enorme peso se transformará en un punzón mortal.

OTROS TIPOS DE ACUARIOS

Muy similar al acuario de vidrio antes citado es el que dispone de un armazón de hierro u otro metal. Su construcción requiere la preparación de una estructura rígida mediante soldadura de los perfiles planos y angulares, cortados a medida según las necesidades. Este armazón debe ser posteriormente barnizado con productos de protección no tóxicos, para evitar contaminaciones en el acuario o bien procesos de oxidación (herrumbre), lo que disminuiría la rigidez de la estructura. Esta protección debe ser especialmente buena en el caso de acuarios marinos, ya que la corrosión del agua de mar es muy elevada.

Una vez concluida la fabricación del armazón, sólo queda fijar las placas de vidrio por la parte interior uniéndolas entre sí con silicona. En este punto, las operaciones a seguir son las mismas que las descritas para el caso anterior.

Otra posibilidad es construir cubetas de acuario con cemento, fibra de vidrio o plástico. Como es lógico, se trata en este caso de cubetas de dimensiones muy grandes, destinadas a ser observadas sólo desde la parte frontal y convertirse en una parte fija de la decoración.

En lo que se refiere a las cubetas de cemento, un material muy utilizado antiguamente era la llamada «uralita», desaconsejada hoy en día por su alto contenido en amianto. Si se dispone de un mínimo de información en técnicas de construcción, es posible construir un acuario de cemento, cerrando el lado frontal con una placa de vidrio. Casi todas las cubetas de los acuarios públicos están fabricadas de esta forma. Muy similares son las cubetas de fibra de vidrio, pero precisan un molde previo. Al margen de este inconveniente, este sistema ofrece la ventaja de poder prever en el proyecto los espacios llenos y vacíos de la distribución final. Lo mismo puede decirse de las cubetas de plástico, cuyas posibilidades son aún mayores, ya que puede disponerse de recipientes grandes de uso alimenticio (blancos o verdes) en los que basta sustituir una de las paredes por una placa de vidrio, lo que nos da un recipiente muy funcional y práctico. No son demasiado bonitos dèsde un punto de vista estético, pero con algún retoque pueden resultar bastante agradables.

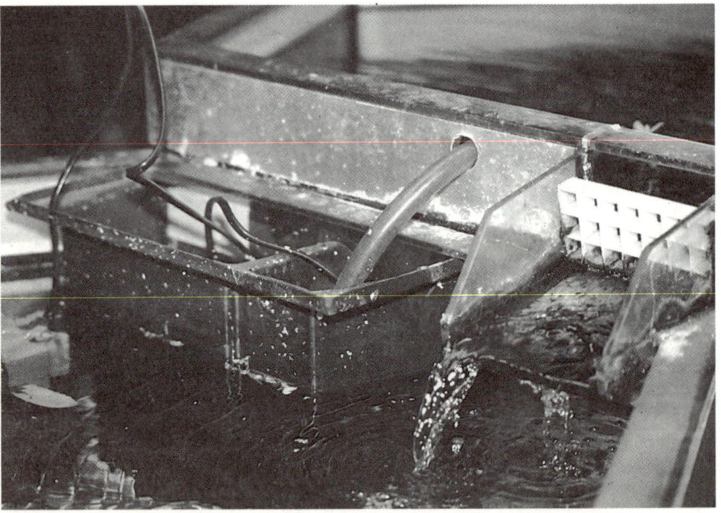

Filtro interno de varios compartimientos con salida del agua por derrame

Estas cubetas no pueden compararse a las de vidrio, pero, si sólo están pensadas para una observación frontal, son una solución interesante y económica.

Sea cual fuere el sistema de construcción elegido, la cubeta debe ser completada con el filtro (si éste es interno, tal como se describe en el capítulo dedicado a la filtración del agua), con una serie de repisas internas sobre las que apoyar las lámparas, protegiéndose del contacto del agua mediante una placa de vidrio, y con la tapa. Ésta debe cubrir toda la parte superior de la cubeta para reducir al mínimo la evaporación del agua (que sustrae calor) y para evitar la contaminación del acuario con humos, polvo u otras sustancias. A veces sucede que, tras una reunión con conocidos «poco educados», aparecen colillas nadando en el agua. La tapa, independientemente del material (vidrio, madera, metal o plástico), debe cerrar muy bien y tener un color negro para evitar reflejos o dispersión de la luz.

Filtración y circulación del agua

* **Principios ecológicos del acuario**
* **Necesidad de la filtración**
* **El filtro y los materiales filtrantes**
* **Filtración mecánica y filtración biológica**
* **Filtración «química»**
* **Colonización de los sustratos y mantenimiento del filtro**
* **Tipos de filtros**
* **Circulación y ventilación del agua**

PRINCIPIOS ECOLÓGICOS DEL ACUARIO

Este capítulo podría muy bien titularse «Ecología y oceanografía física y limnografía del acuario». Tal vez a algunos les podrá parecer algo exagerado hablar de oceanografía a propósito de un espacio reducido como el de un acuario ornamental, pero si siguen la lectura verán que muchos fenómenos del acuario reproducen las mismas reglas de los naturales y la diferencia es sólo una cuestión de escala.

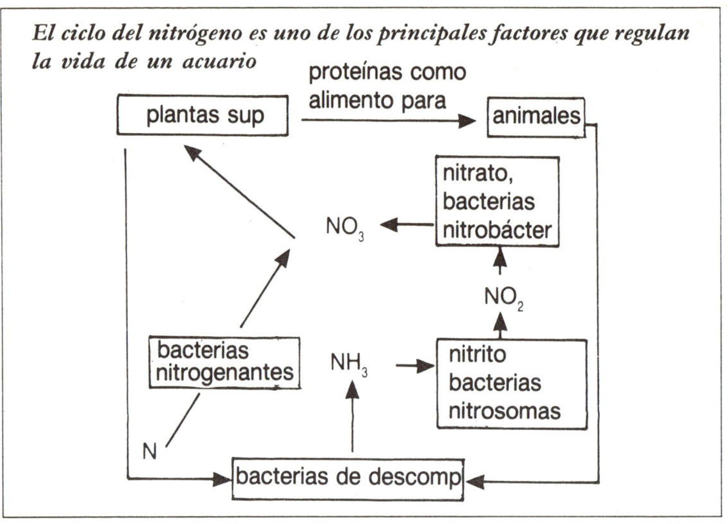

Uno de los principios básicos de la ecología es el de los llamados ciclos de la materia, ciclos que atañen fundamentalmente al oxígeno, carbono, nitrógeno y fósforo. Por todo lo que diremos a continuación, conviene centrar nuestro interés en el ciclo del nitrógeno. En el mundo natural, esta sustancia es indispensable para la vida. Junto con las otras citadas, es uno de los componentes fundamentales de las células, aunque antes de ser utilizada debe transformarse en sustancia orgánica. El aire, o mejor dicho, la atmósfera que circunda la Tierra, contiene un 80 % de nitrógeno y es la gran reserva que alimenta de forma constante todo el ciclo.

El nitrógeno, al ser un gas, puede difundirse y disolverse libremente en las aguas o bien puede llegar a ellas en forma de nitratos o nitritos gracias a la lluvia que penetra en la tierra. El nitrógeno está siempre presente en las aguas en forma de amoníaco, nitritos y nitratos, además del nitrógeno orgánico en disolución. Como ya se ha dicho, entra a formar parte de los organismos y el primer paso es la asimilación de las algas (en el mundo acuático) y de todas las plantas que intervienen en la cadena alimenticia. Todos los organismos vivos, en el momento de su muerte, experimentan procesos de putrefacción o, dicho de una forma más elegante, de remineralización gracias a las bacterias, a las que se debe la nueva circulación de las sustancias nitrogenadas procedentes también de los procesos de excreción.

NECESIDAD DE LA FILTRACIÓN

Esto es lo que sucede en la naturaleza y también en un acuario bien equilibrado. Estos acuarios, aunque perfectos desde un punto de vista ecológico, no pueden compararse estéticamente a los adornados con plantas y peces tropicales de colores. El espacio reducido y cerrado de la cubeta de vidrio no permite mantener poblaciones abundantes y ecológicamente exigentes sólo bajo el principio del equilibrio natural. Nadie nos impide aumentar o disminuir la cantidad de peces en nuestro acuario, pero es evidente que al cabo de poco tiempo la cubeta se habrá convertido en un perfecto ejemplo de ambiente eutrofizado o distrófico, por culpa de la acumulación de nutrientes y sustancias de desecho (fosfatos y compuestos nitrogenados). En los ambientes naturales equilibrados, estas sustancias se reciclan de una forma continua para mantener constante su cantidad, aunque es frecuente que actúen como factores limitantes.

Cuando, por el motivo que sea, aumenta su cantidad, los organismos encargados de reciclar estas sustancias no pueden realizar bien su misión y éstas tienden a acumularse y descomponerse, consumiendo una cantidad excesiva de oxígeno. Esto es lo que sucedería en nuestro acuario si no existieran los filtros y otros aparatos que explicaremos a continuación. Los filtros, de hecho, pueden ser considerados como el verdadero corazón del acuario y su misión es precisamente la de eliminar o transformar en inicuas o reutilizables las sustancias de desecho procedentes de los peces, en particular los compuestos nitrogenados (amoníaco y compuestos derivados: nitritos y nitratos).

EL FILTRO Y LOS MATERIALES FILTRANTES

La misión del filtro, dicho en palabras sencillas, es la de reciclar el agua, depurarla y hacer que siga siendo buena para la vida de nuestros inquilinos. Gracias al filtro es posible transformar un ambiente cerrado y limitado en un espacio cientos de veces superior.

El filtro cumple diversas funciones. Por un lado, actúa

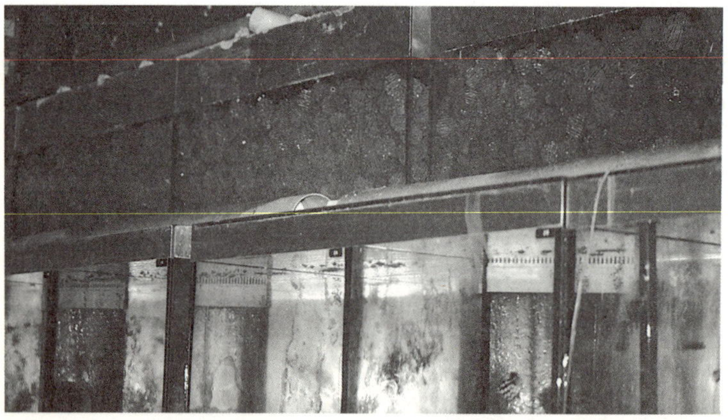

Filtro grande de material plástico no tóxico, capaz de garantizar la limpieza de muchas cubetas a la vez

mecánicamente como si fuera un cedazo, reteniendo y eliminando las partículas orgánicas e inorgánicas del agua. Los materiales que forman el filtro están diseñados para bloquear las partículas de un cierto tamaño, eliminándolas así del agua, que queda purificada (al menos, desde un punto de vista físico). Los materiales orgánicos presentes en el agua se transforman con facilidad en sustratos ideales para las bacterias, que se alimentan de ellos y no tardan en recubrirlos con una película invisible. Así entra en acción la llamada *filtración biológica*. Su función más importante es la conversión del amoníaco tóxico en nitratos menos peligrosos, en agua o en anhídrido carbónico. De esta forma, gracias al filtro, es posible recrear en el acuario un ciclo totalmente similar al natural.

LOS MATERIALES FILTRANTES Y SUS POSICIONES

Material	*Filtración mecánica*	*Filtración biológica*
Fibras sintéticas (perlón)	sí	sí
Gravilla	sí	sí
Arena coralina	sí	sí
Arcilla	no	sí
Tubos de cerámica	no	sí
Conchas	no	sí
Resinas extendidas	sí	sí
Material tipo lava	no	sí
Plástico no tóxico triturado con distintas formas	no	sí

FILTRACIÓN MECÁNICA
Y FILTRACIÓN BIOLÓGICA

Tanto en la etapa previa del proyecto como en la final de construcción del acuario, es muy importante comprender bien el funcionamiento de los filtros. Por lo general, a menos que dispongamos de un filtro doble, la acción mecánica y biológica acabarán coincidiendo en el mismo filtro. Por ello es importante prever en primer lugar, durante la fase de construcción, la filtración mecánica. Para esto hay que usar materiales de granulometría cada vez más pequeña a partir del primer estrato que atraviesa el agua. La finalidad de esta disposición es evitar la rápida oclusión de los espacios por los que debe pasar el agua, lo que provocaría una disminución de la velocidad del flujo de agua o incluso un bloqueo del mismo, con el consiguiente mal funcionamiento del filtro. En los filtros pequeños —y también en los grandes— se deberían poder sacar sin dificultades las primeras capas de material (formadas, tal vez, por fibras sintéticas o gravilla en saquitos), para lavarlas con una cierta frecuencia. Algunas resinas

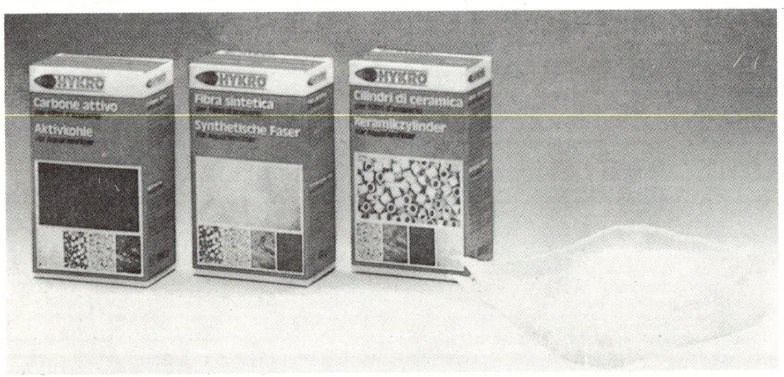

Los filtros biológicos se preparan con materiales diversos

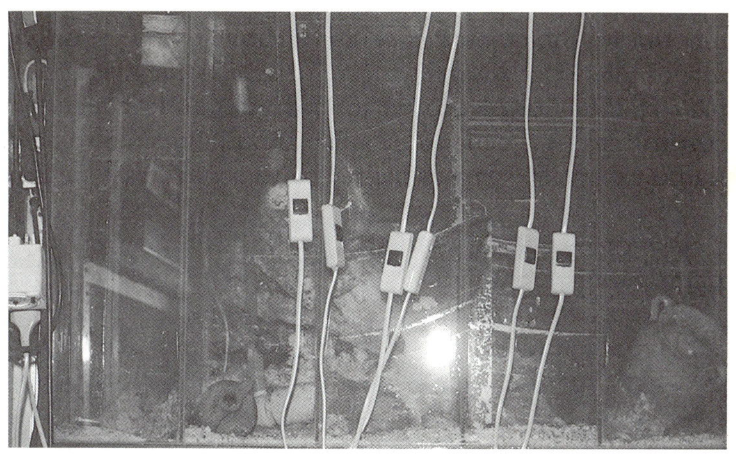

Filtro de varios departamentos

acrílicas expandidas resultan óptimas para este fin y se venden en forma de bloques fáciles de cortar según la forma deseada, que hacen de esponja porosa, capaz de detener las impurezas del agua. Se trata de un material totalmente inerte y no tóxico que se limpia con facilidad, lo que simplifica mucho el mantenimiento del acuario. Si se siguen estas indicaciones básicas, se conseguirá prolongar considerablemente la vida de todo el aparato de filtración.

Como es lógico, llegará un momento en que todo el filtro se verá poblado por bacterias y comenzará a funcionar como filtro biológico, aunque ello no quita que los primeros estratos realicen siempre una acción mecánica primaria. La velocidad de flujo ideal para una correcta filtración mecánica es de volumen de agua del recipiente por hora, en el caso de acuarios de agua dulce, y de doble del volumen del recipiente por hora, en el caso de acuarios de agua de mar. Si la cubeta tiene una capacidad de

Filtro biológico externo, llenado con material plástico no tóxico, ligero e indestructible

100 litros, se precisará una bomba de 100 litros para un acuario de agua dulce y una de 200 litros para cada uno de agua de mar.

No obstante, la filtración mecánica no basta para mantener en buen estado el acuario; por ello se precisa también una filtración biológica. En las instalaciones de circuito cerrado es imprescindible contar con una degradación de los compuestos nitrogenados por acción de las bacterias. Las etapas intermedias de este proceso (v. gráfico) consisten en la transformación del amoníaco (NH_3) y los iones amonio (NH_4^+) en nitritos (NO_2^-) y, finalmente, en nitratos (NO_3^-). Las dos primeras sustancias son muy tóxicas. Algunas especies particularmente sensibles acusan ya la presencia de 0,1 mg de amoníaco o de 10 mg de nitritos (por litro de agua). Por el contrario, los nitritos (los compuestos que se forman en último lugar) suelen tolerarse bien, aunque su concentración se eleve a cientos de miligramos por litro.

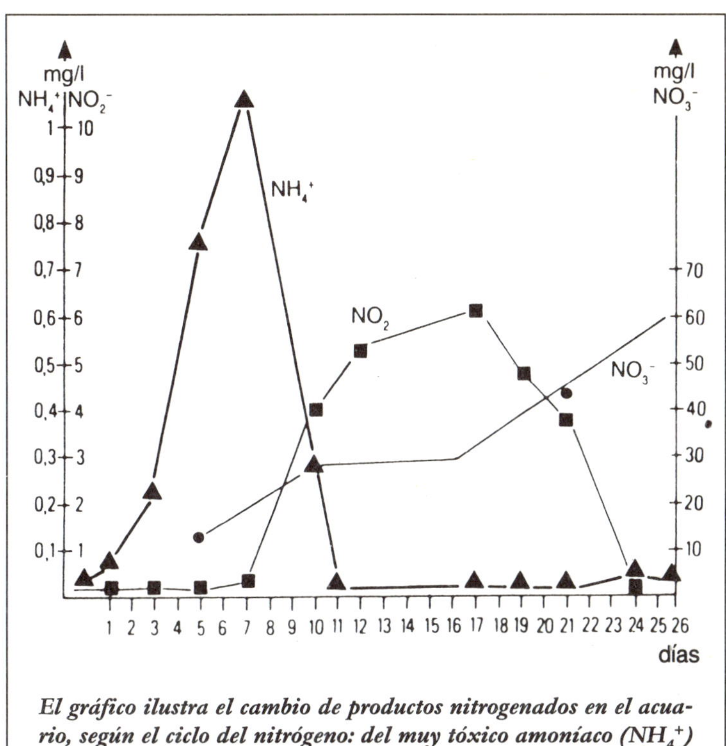

El gráfico ilustra el cambio de productos nitrogenados en el acuario, según el ciclo del nitrógeno: del muy tóxico amoníaco (NH₄⁺) se pasa a los nitratos, mucho menos contraproducentes

FILTRACIÓN «QUÍMICA»

Hemos introducido este breve apartado porque en algunos textos de acuariofilia aparece el término «filtración química». En realidad, este tipo de filtración no existe actualmente. En teoría sería posible utilizar resinas de intercambio iónico o zeolitas especiales, pero estos productos aún no han aparecido de forma generalizada en el mercado de los acuarios. En la publicidad de muchos productos apare-

41

ce el término «filtración química», pero hay que aclarar que esta característica sólo atañe a determinadas sustancias. Ciertas resinas de intercambio iónico sirven únicamente para reducir la dureza del agua; la turba, otro material de acción química, sirve para ablandar y reducir el pH del agua; los caparazones de moluscos, por el contrario, impiden la reducción del pH y ejercen una función «tampón» reguladora. Como puede comprobarse, esta función es muy distinta de una verdadera filtración química.

El carbón activo, una sustancia utilizada en la preparación de filtros para acuario, también tiene una misión que ha sido frecuentemente malinterpretada. Este producto tiene una enorme capacidad de absorción; es decir, capturar las sustancias orgánicas y químicas presentes en el agua. Para simplificar un mecanismo que es bastante complejo, podemos decir que el carbón activo se comporta, más o menos, como una esponja. Un sistema especial de fabricación hace que cada grano de este carbón sea altamente poroso, mucho más de lo que cabría imaginar a simple vista. Un metro cúbico de carbón activo dispone de 374 metros cuadrados de superficie disponible para captar las sustancias presentes. Los pequeños poros de cada pequeño grano de carbón activo son capaces de absorber y retener las moléculas de muchas sustancias. Si se hace pasar agua coloreada a través de un filtro de carbón activo, el agua resultante será perfectamente incolora. Esto explica la extraordinaria eficacia de este producto, cuyo empleo, no obstante, presenta algunos problemas. De hecho, a medida que el agua se va ensuciando, los poros se tapan y la capacidad de acción disminuye hasta llegar a cero. En este momento, el carbón ex activo se transformará en un sustrato normal con efecto mecánico-biológico, pero que ha perdido ya todas sus características peculiares. Además, su presencia obstaculiza cualquier tipo de tratamiento farmacéutico en el acuario, ya que las medicinas disueltas en el agua son rápidamente eliminadas por el carbón. En consecuencia, conviene usarlo únicamente con fines muy determinados.

COLONIZACIÓN DE LOS SUSTRATOS Y MANTENIMIENTO DEL FILTRO

El tiempo necesario para la colonización de los sustratos (no hay que olvidar que se parte normalmente de un agua estéril desde un punto de vista biológico) y de los fondos del acuario, en donde tienen lugar en parte los procesos de mineralización, depende de la temperatura. A 24 °C se precisan, por término medio, tres semanas, mientras que este tiempo asciende a seis semanas si la temperatura desciende a 12 °C, un valor poco frecuente en los acuarios. Por lo general, no conviene tener prisa, ya que la actividad bacteriana *óptima*, que coincide con la madurez de un acuario, se consigue sólo después de unos meses. Cuando un acuario y un filtro son relativamente nuevos, aún no existen bacterias capaces de degradar del todo la materia orgánica. Se precisa un proceso de maduración, que puede ser acelerado en un acuario de agua dulce, introduciendo primero las plantas con algo de materia orgánica (por ejemplo, unos trocitos de comida para peces). En los acuarios marinos, en los que escasean las plantas por problemas de mantenimiento, puede introducirse algo de pulpa de mejillón. Hace poco han aparecido en el mercado unas cajitas de bacterias liofilizadas que ayudan a colonizar los sustratos y a madurar los filtros conjuntamente con otros productos, llamados genéricamente bioacondicionadores, que contienen sustancias capaces de acelerar la maduración de la cubeta. Si se sabe de algún acuario en buen estado (ausencia de enfermedades o de parásitos), se puede probar a utilizar un poco de su agua o del material retenido en el filtro para acelerar la colonización de la nueva cubeta.

Por los motivos expuestos anteriormente, es mejor introducir poco a poco los peces hasta conseguir la población definitiva; de esta forma se mantiene en un nivel bajo la producción de amoníaco, al tiempo que proliferan las bacterias desnitrificantes. Para que nuestro acuario funcione bien y durante mucho tiempo, hay que seguir las indicaciones con exactitud para que los compuestos tóxicos sólo aparezcan de forma puntual durante la comida o al introducir nuevos habitantes. También es muy importante el flujo del agua en el filtro, que debe ser uniforme y regular para que no se formen bolsas estancadas en las que tendrían lugar procesos de putrefacción muy peligrosos.

De hecho, la falta de un gas fundamental, como el oxígeno, conduce inevitablemente a la aparición de procesos de descomposición anaeróbica, que se ponen de manifiesto por el olor o aparición de sedimentos negros; para evitar estos inconvenientes, el esperor del estrato del fondo no debe superar los 3-5 cm y debe estar formado por gravilla o arena no demasiado fina, garantizando así la circulación del agua con una buena ventilación en todos los lugares.

TIPOS DE FILTROS

Ya hemos hablado al principio de la diferencia existente entre filtro mecánico y filtro biológico, diferencia que tiende a desaparecer con el tiempo, y también hemos explicado que el mecanismo de acción se basa más en las distintas capas del filtro que en el mismo filtro. Por tanto, continuaremos nuestro estudio sobre los filtros diferenciándolos en filtros internos o externos, según su posición en el acuario.

Filtros internos

El filtro interno más típico es el que está enterrado en la arena. Se cree normalmente que este tipo de filtración es el más parecido al creado en los ambientes naturales, porque permite que toda la cubeta se transforme en un inmenso lecho de bacterias. La palabra «inmenso» no significa en absoluto una exageración, ya que la superficie

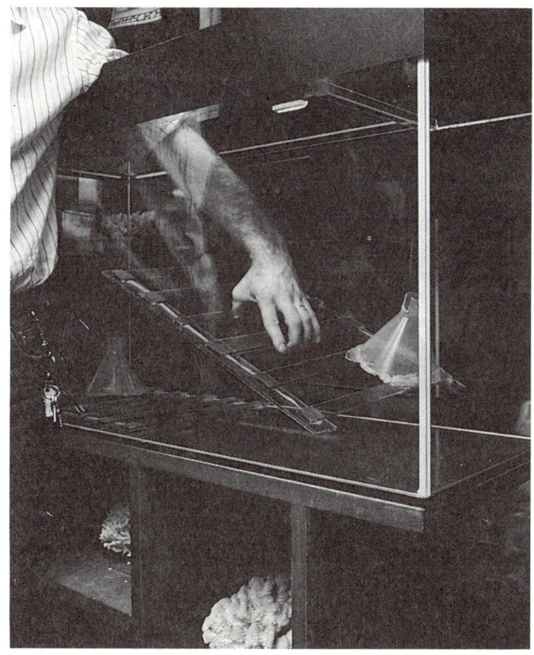

Rejilla a base de pequeñas placas de vidrio que se transforma en una base ideal para un filtro bajo arena. El embudo en el que se colocará la piedra porosa sirve para aspirar y hacer circular el agua

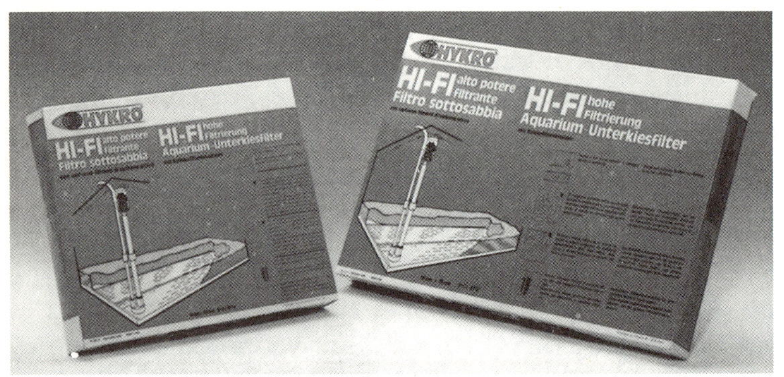

Un filtro bajo arena, si está bien construido, puede funcionar eficazmente durante mucho tiempo

de que disponen las bacterias es de muchas decenas —incluso de cientos— de metros cuadrados.

Este filtro se coloca ya durante la construcción de la cubeta y coincide prácticamente con el mismo fondo de nuestro acuario. Su utilización debe estar ya prevista desde la fase del proyecto, ya que los cambios podrían ser peligrosos y obligar incluso a reconstruir todo el acuario. Un filtro de este tipo permite, por un lado, dedicar un mantenimiento escaso (aunque no nulo) durante largos períodos de tiempo. Los filtros bajo arena tienen una superficie similar a toda la cubeta y son bastante eficaces desde el punto de vista biológico. No obstante, y como se dijo antes, hay que procurar que el flujo de agua sea uniforme en todo el estrato, para evitar la formación de bolsas anaeróbicas. Un filtro de este tipo no permite mover el fondo. También hay que recordar que este tipo de filtros no eliminan ni alejan de la cubeta los materiales de desecho, sino que éstos se acumulan en la superficie, en donde van degradándose progresivamente. En la práctica,

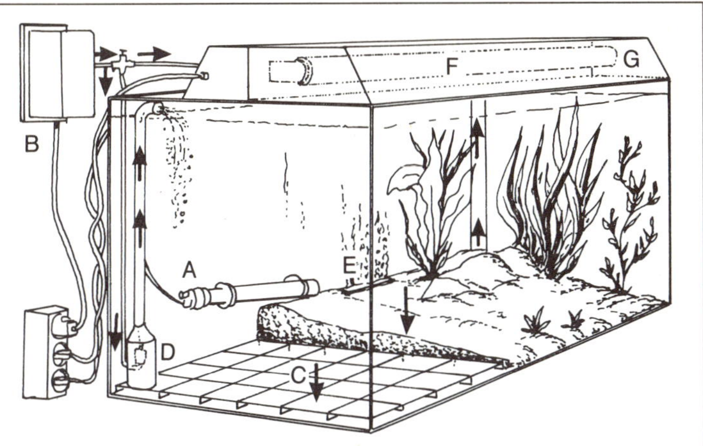

El flujo de agua en los filtros bajo arena circula de arriba a abajo y se mantiene constante gracias a la acción de las bombas o del sistema air-lift: A, calentador del agua; B, bomba neumática; C, base filtrante; D, bomba air-lift; E, difusor de gres; F, tubo fluorescente; G, reflector

un filtro bajo arena consiste básicamente en una capa de agua aislada del fondo verdadero del acuario, por medio de rejillas especiales. El filtro está formado (de arriba abajo) por un primer estrato de arena y gravilla y por una capa inferior de otros materiales filtrantes de granulometría más gruesa (por ejemplo, tubos de cerámica), destinados a ofrecer a las bacterias una gran superficie de asentamiento. Por lo general, las rejillas utilizadas disponen de un orificio en el que se encaja un tubo de longitud variable según la altura del agua. En este tubo se introduce una piedra porosa unida al ventilador, que se convertirá en el verdadero motor del acuario.

Una vez encendido, el ventilador producirá un flujo continuo de burbujas de aire que tienden a subir. En su

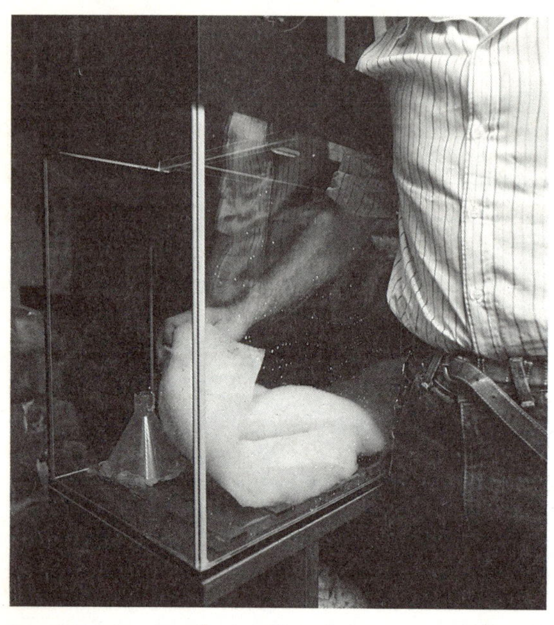

La primera capa de un filtro bajo arena puede estar formada por un filtro blanco no tóxico

movimiento vertical desplazarán también el agua del fondo, haciéndola pasar por el interior de un tubo que desemboca en otro punto del acuario. De esta forma (más adelante explicaremos el principio del funcionamiento y los detalles técnicos relativos a la circulación del agua) se producirá un movimiento continuo del agua, que pasará a través de los materiales del fondo, será aspirada por el tubo y luego volverá, ya limpia, a la cubeta. Este flujo continuo de agua asegura también la oxigenación indispensable del filtro, lo que favorece asimismo el crecimiento de las plantas, cuyas raíces contribuirán eficazmente a la degradación de la materia orgánica. Por el tipo de funcionamiento, los filtros bajo arena podrían también ser denominados «filtros de flujo lento». El reciclado obteni-

La segunda capa de un filtro bajo arena está constituida por gravilla de distintos colores y medidas y es el verdadero fondo del acuario

do con el sistema de ventilación es lento en comparación al conseguido con bombas de tipo mecánico, pero tiene la ventaja de ser el ideal para este tipo de filtro. Unos flujos demasiado rápidos y elevados impedirían la formación de lechos óptimos de bacterias y el tiempo de contacto entre el agua y las bacterias —indispensable para que tenga lugar una descomposición completa— sería demasiado breve. Cuando se utilizan estos filtros (aunque el consejo podría ser aplicado a cualquier otro tipo), hay que evitar una sobrecarga excesiva de la cubeta.

El equilibrio entre la población animal y el filtro debe ser observado con gran atención. La pérdida de capacidad filtrante es progresiva y depende de la carga orgánica existente. Son muy peligrosos los tratamientos con fárma-

El fondo se uniformiza y modela con las manos

cos, a veces indispensables para el tratamiento de los peces, porque acaban atacando a toda la población bacteriana, diezmando su número y, por tanto, su eficacia degradativa. También son peligrosos los peces con hábitos betónicos, que tienen la costumbre de excavar para buscar el alimento o enterrarse. A la larga, este tipo de comportamiento acabará creando unas zonas de flujo preferencial y el agua perderá su uniformidad original. Una última advertencia: cuando el filtro bajo arena deje de funcionar o muestre indicios de ineficacia progresiva, habrá que proceder a vaciar el acuario y comenzar de nuevo desde el principio: esta operación es relativamente fácil en un

Hay que colocar bien todos los accesorios como, en este caso, el tubo de plástico destinado a aumentar la eficacia del filtro por el efecto Venturi

acuario de pequeñas dimensiones, pero se vuelve más compleja en cubetas de dimensiones considerables, sobre todo por problemas de tipo práctico, como, por ejemplo, dónde meter los peces, las plantas y todo lo demás.

¿Es posible volver a utilizar todo el material filtrante? En parte, sí. Pero, ¿cómo separar los distintos componentes que se han ido mezclando poco a poco? Con tamices y mucha paciencia. Se trata de problemas reales que en muchos casos han significado el fin de la aventura para muchos aficionados principiantes.

Existen otros tipos de filtros internos que también se construyen conjuntamente con el acuario. Ocupan una

Últimos retoques con una espátula rígida para completar y uniformar el fondo del acuario

parte de la cubeta y al final pueden distinguirse en ella dos espacios distintos: el acuario en sí mismo y el filtro. Estos filtros pueden estar dispuestos junto a la pared del fondo y ser estrechos y largos, o bien hallarse junto a uno de los lados pequeños del recipiente; sus dimensiones suelen oscilar entre el 15-20 % del volumen total del acuario. Por lo general, están separados del espacio destinado a los peces por una lámina de cristal negro que impide la visión, no siempre agradable, del filtro. Por dentro existe una subdivisión en departamentos (tres, como mínimo) por los que el agua se ve forzada a pasar, siguiendo un recorrido helicoidal. En el modelo clásico, el agua penetra en el primer departamento por uno o más orificios con rejilla, practicados cerca del fondo de la lámina oscura de separación. Es preferible que entre agua del fondo, por ser ésta casi siempre de peor calidad, ya que el flujo de agua en un acuario va de arriba hacia abajo y del punto de entrada al de salida.

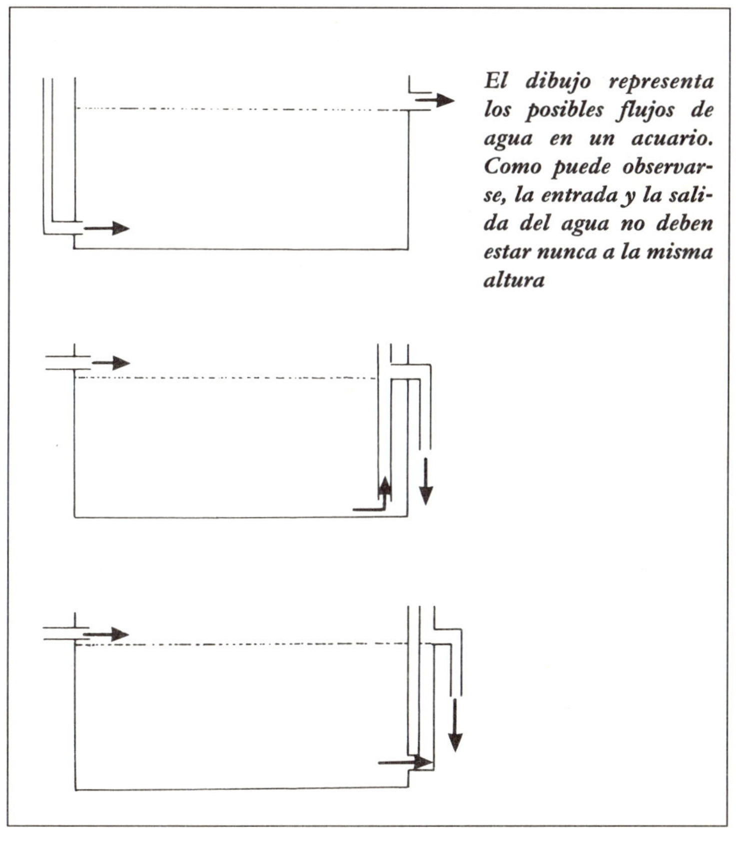

El dibujo representa los posibles flujos de agua en un acuario. Como puede observarse, la entrada y la salida del agua no deben estar nunca a la misma altura

Una vez que ha entrado en el primer compartimiento, el agua tiene tendencia, por el principio de los vasos comunicantes, a volver a subir al mismo nivel de la cubeta principal, a pesar de que se ve obligada a pasar al espacio contiguo porque la placa de separación es más baja que el nivel teóricamente alcanzable. En este departamento central, el mayor de todos, se colocan los materiales filtrantes. En un primer lugar aparecen las fibras sintéticas o las resinas expandidas, luego la gravilla u otros materiales de

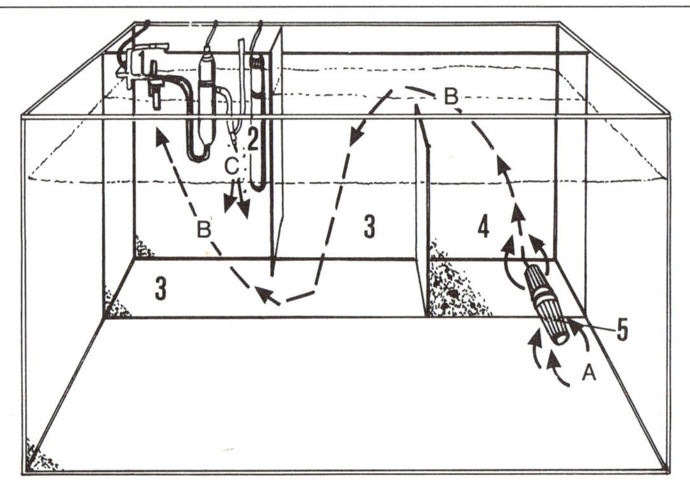

La circulación del agua en un filtro interno implica su paso por varios compartimientos llenos de materiales de distinta porosidad: 1, bomba Eheim de semiinmersión para la circulación del agua en el filtro; 2, calentador con termostato incorporado; 3, material filtrante Hilena Porenfilter muy poroso, de acción biológica muy activa; 4, Hilena Depotfilter o Ehfimech, material filtrante de cerámica apto para retener las impurezas más gruesas y que constituye un filtro biológico muy activo y de larga duración; 5, receptáculo para tubo de aspiración Ehemin 747180; A, entrada del agua sucia en el filtro; B, dirección y recorrido del flujo de agua; C, nueva entrada del agua en la cubeta

gran superficie y, finalmente, la arena o fibras sintéticas muy finas. Durante su paso, el agua va perdiendo tanto los materiales sólidos en suspensión, como la sustancia orgánica, pasando finalmente al espacio contiguo, desde el cual pasa finalmente al acuario. En este tipo de filtros, el flujo del agua se consigue tanto por el sistema *air-lift* como con bombas sumergidas (ambos dispositivos se colocan en el último compartimiento), que en la actualidad tienen un alto grado de seguridad y eficacia y que se fabrican dentro de una amplia gama de potencias para poder satisfacer todos los gustos. Las bombas cierran herméticamente y por ello no conviene repararlas de cualquier manera: si se rompen, es mejor cambiarlas que intentar arreglarlas. El número de espacios indicado (tres) para el filtro es sólo el mínimo necesario; nada impide crear muchos más, separando así el filtro mecánico del biológico. La única regla fija a tener en cuenta es que el agua debe entrar por abajo y salir por arriba; en lo referente a todo lo demás existe libertad total para la fantasía.

No obstante, durante la fase de construcción conviene prever ya el recorrido que seguirá el agua en el filtro, para no encontrarse luego con sorpresas, y disponer siempre los materiales de mayor granulometría al principio, para evitar que todo el filtro se obture. Una sugerencia interesante, sobre todo en los filtros de grandes dimensiones, es colocar una piedra porosa en el espacio de entrada, unida al ventilador. No hay que descartar la creación de situaciones anóxicas (sin oxígeno) en el filtro y hay que tener en cuenta que un gramo de bacterias consume 30 veces más oxígeno que un gramo de peces. El tipo de filtro descrito permite realizar cualquier tipo de limpieza y mantenimiento sin que ello afecte al acuario; la única precaución importante es bajar ligeramente el nivel del agua por debajo del umbral de derrame del primer departamento.

Filtros externos

De hecho, un filtro no difiere demasiado del descrito, pero va colocado fuera de la cubeta del acuario. Estos filtros resultan útiles en aquellos acuarios de tipo decorativo, en los que es preferible que todo el recipiente esté ocupado por los peces y el agua, o bien cuando el acuario se empotra en un hueco, lo que dificulta las operaciones de mantenimiento.

Existen filtros externos dotados de bombas centrífugas incorporadas. En muchos casos, el agua de la cubeta llega al filtro externo por medio de una bomba, pero luego regresa a ella por derrame. Como es lógico, una solución de este tipo sólo es posible cuando el filtro se encuentra a un nivel ligeramente superior al del acuario; en este caso, el filtro puede ser abierto. Si el filtro está a un nivel inferior, es preciso recurrir a aparatos herméticos, dotados de una bomba centrífuga con capacidad de elevación suficiente para devolver el agua al acuario: el agua llega al filtro por un simple mecanismo de aspiración. Si el filtro no tuviera la fuerza suficiente, podría incluso suceder que el acuario se fuera vaciando poco a poco, acabando el agua por el suelo de la casa. A veces ocurren accidentes de este tipo, ya sea por rotura de alguna guarnición o por desplazamiento de algún tubo; en ciertos manuales extranjeros se llega a aconsejar al comprador que pregunte a su compañía aseguradora si la póliza cubre accidentes de este tipo.

Las bombas usadas en estos filtros suelen ser muy potentes y muchos consideran que el flujo de agua generado es demasiado rápido para conseguir un tiempo de contacto agua/bacterias suficiente para la desnutrificación. Su efecto, por tanto, sería más de tipo mecánico. La ventaja esencial de este filtro es la facilidad de limpieza, que debe efectuarse sólo de vez en cuando, pues el material más grueso tiende a acumularse en la parte inicial del recipiente.

En este tipo de filtros puede resultar útil la aplicación de una válvula aspirante en el tubo de salida del agua del acuario. Este dispositivo permite aspirar el aire y mezclarlo con el agua, antes de que ésta regrese al recipiente; no obstante, esta válvula no excluye la existencia de un ventilador en el acuario.

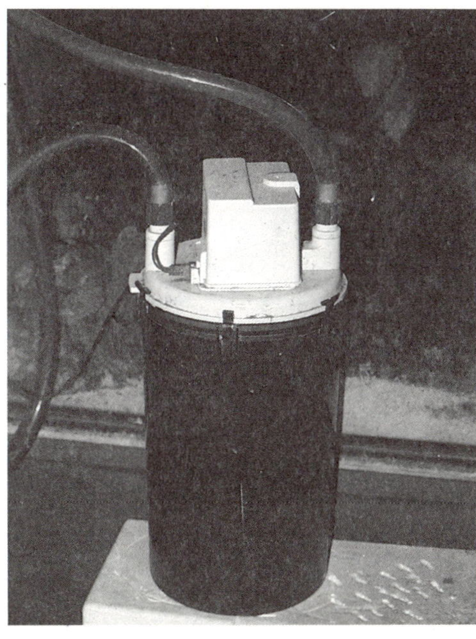

Filtro externo con la bomba incorporada, que puede colocarse incluso a una cierta distancia del acuario

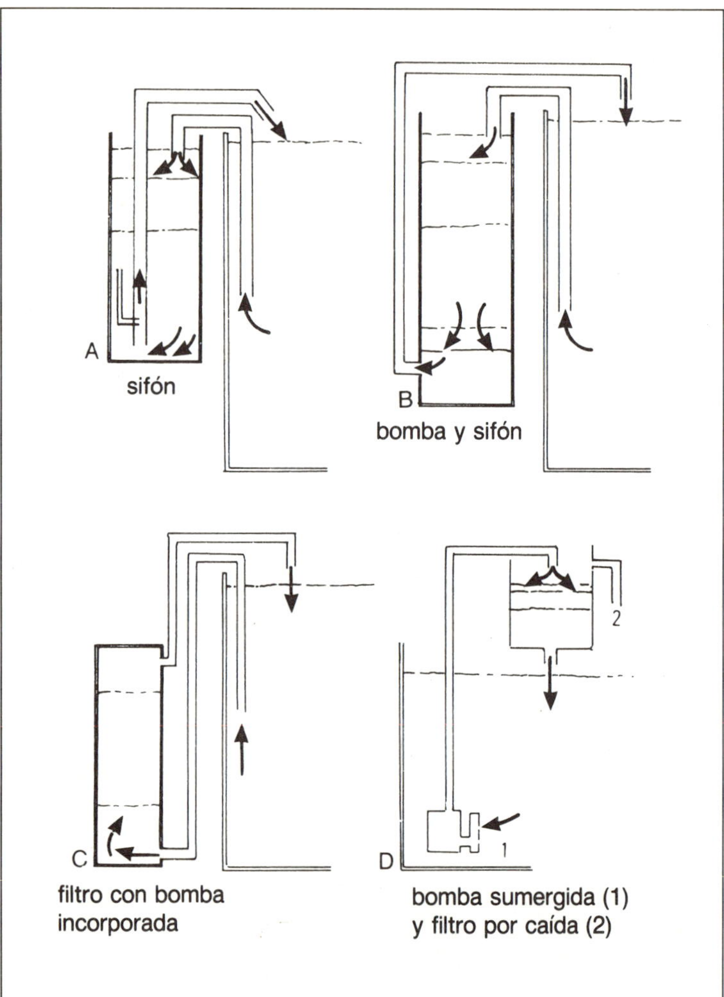

Cuatro diferentes soluciones para un filtro externo. A, B y C funcionan por medio de bombas, que aspiran el agua del acuario y la vuelven a impulsar hacia la cubeta. En D, el agua aspirada vuelve al acuario por simple caída

Conviene recordar aquí que los ventiladores deben estar siempre por encima del agua, ya que, en caso de corte de corriente, el agua tiende a refluir en el tubo del aire y terminar dentro del aparato, con el consiguiente riesgo de cortocircuito o vaciado total de la cubeta si el propietario no está en la casa. Para evitar que se produzcan este tipo de accidentes (a veces no existe más remedio que colocar el filtro debajo del acuario), conviene acoplar al tubo del aire una especie de válvula de vía única, que permita un flujo del mismo en un mismo sentido, lo que evita una posible inundación del ventilador y del suelo con el agua aspirada.

El llamado filtro de algas es un complemento muy útil, aunque no resuelve, por sí solo, el problema de la filtración. Se trata de una cubeta sencilla, poco profunda, colocada en el interior del acuario y dotada de un sistema propio de iluminación; el agua procedente del filtro se hace pasar por una alfombra de algas que se ha formado gracias a las condiciones favorables impuestas por nosotros mismos. Las algas pueden eliminar nitratos y otros compuestos nitrogenados aún presentes en el agua, limpiándola y oxigenándola, antes de que vuelva a entrar en el acuario. Se trata, como ya hemos dicho, de una etapa adicional de filtración que puede resultar útil en algunos casos, por ejemplo, en los acuarios de grandes dimensiones.

Una vez concluida esta información sobre filtros y problemas de filtración, cabe esperar que cada acuariófilo construya su filtro o mejore los ya existentes según sus propias capacidades manuales, su propia inventiva o su experiencia.

CIRCULACIÓN Y VENTILACIÓN DEL AGUA

Al tratar el problema de los filtros hemos hablado varias veces de las bombas y ventiladores, citando términos como *reciclado* o *circulación del agua*. En este apartado nos ocuparemos más detalladamente de este tema.

No creo que sea preciso insistir en la necesidad de una buena circulación del agua. Si en un ambiente cualquiera —aunque se trate de uno limitado, como un acuario— no existe movimiento, se pierde la homogeneidad necesaria, sobre todo en el fondo o en el filtro. Sin circulación del agua, la temperatura sería distinta a pocos centímetros del calefactor y el oxígeno sería insuficiente en los puntos más alejados del difusor de aire. La circulación del agua tiene el mismo efecto que las corrientes en los ambientes naturales: crear un sistema homogéneo y redistribuir el oxíge-

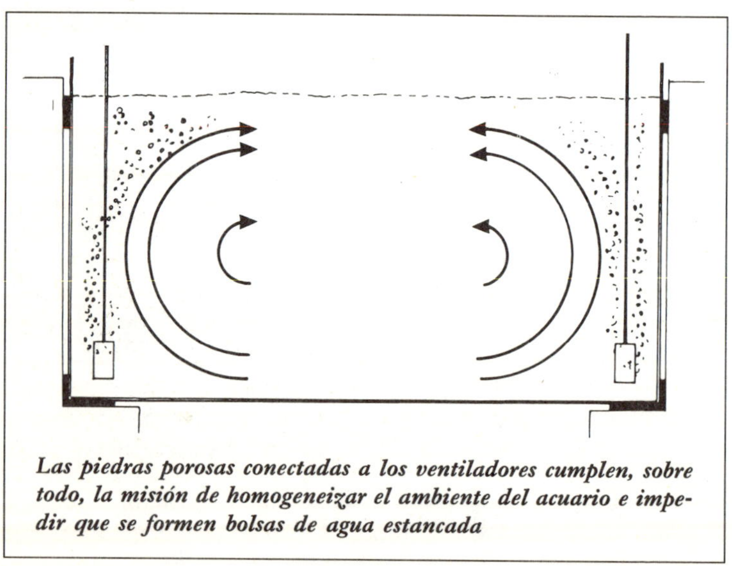

Las piedras porosas conectadas a los ventiladores cumplen, sobre todo, la misión de homogeneizar el ambiente del acuario e impedir que se formen bolsas de agua estancada

no, la temperatura y las sustancias nutritivas. Como hemos visto, el flujo puede crearse con bombas de inmersión o bombas centrífugas unidas a un filtro externo o bien con ventiladores, aprovechando el principio del *air-lift* (transportador neumático), tal como se ha citado anteriormente. Este sistema, descubierto en 1797 por el ingeniero alemán Carl Loescher, se basa en el principio siguiente: las burbujas de aire que se ven obligadas a fluir por un tubo arrastran en su ascenso una cantidad de agua que

Una pequeña bomba sumergida, necesaria para la circulación del agua

depende de la cantidad de burbujas producidas, del diámetro del tubo y de su inmersión. Este sistema, por tanto, permite hacer circular toda el agua del acuario, oxigenándola al mismo tiempo. Estos dos procesos se consiguen con un único aparato: el ventilador. Esta solución es mucho más eficaz de lo que se cree normalmente y consigue desplazar volúmenes de agua similares al volumen de aire producido. Los factores principales que intervienen en este sistema de circulación de agua son el

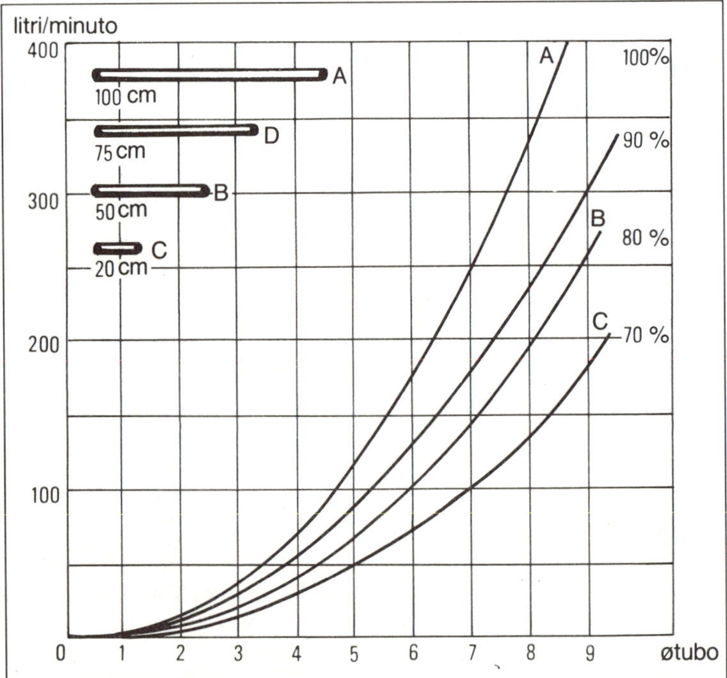

El gráfico permite calcular el flujo teórico de agua en sistemas air-lift para tubos de longitud y diámetro distinto, así como para porcentajes distintos de inmersión

diámetro del tubo y su parte sumergida. Cuanto mayor sea ésta, mayor será también la cantidad de agua desplazada (v. gráfico en pág. 62). En realidad, el efecto de arrastre no depende tanto de las burbujas de aire como del hecho que la mezcla aire/agua es menos densa que el agua circundante, por lo que tiende a flotar.

Algunos creen que los ventiladores realizan también la función de oxigenadores, gracias a su capacidad de producir aire. No obstante, su eficacia en este campo no es muy grande: la columna de pequeñas burbujas de aire no es capaz de saturar el contenido de oxígeno en la cubeta. En este sentido son mucho más eficaces las columnas de aire que crean turbulencias y corrientes en el interior del recipiente. Las turbulencias aumentan la mezcla de las masas superficiales de agua, lo que favorece el intercambio de gases y la solubilización del oxígeno atmosférico; las corrientes se encargan de redistribuirlo uniformemente por toda la cubeta. En el caso de acuarios bien provistos

Modelos de ventiladores

La columna de burbujas de aire producida por el ventilador sirve, sobre todo, para mantener en movimiento el agua, favoreciendo los intercambios con el exterior

de plantas, la cantidad de oxígeno producido en horas de luz será notablemente superior (una superficie vegetal de 100 cm produce en 12 horas de luz 100 mg de oxígeno puro, cantidad consumida normalmente por 50 g de peces) a la producida por el ventilador, que, por el contrario, desarrollará un papel muy importante durante la noche, cuando las plantas consumen oxígeno en lugar de producirlo.

Respecto al ventilador es importante la producción de burbujas de aire, que deben ser lo más pequeñas y unifor-

Para la cuarentena de los peces se puede usar una cubeta sin ornamentación

Un acuario tan poblado sólo puede mantenerse así durante breves períodos de tiempo

Una vegetación que alcanza la superficie del acuario puede ser útil como medio de escondrijo y protección para los peces más pequeños

Un acuario con muchas plantas es el mejor medio para especies pequeñas gregarias

La alternancia de espacios llenos y vacíos es la mejor solución para todos los acuarios

Algunos tipos de vegetación, como estas Vallisneria, pueden llegar a invadir el espacio con el tiempo

Un acuario marino tropical no contiene ningún tipo de plantas

Un acuario, si está bien proyectado, parece siempre más grande. Éste tiene tan sólo una longitud de 40 cm

mes posible, lo que depende de los difusores o piedras porosas. Cuanto más pequeño y uniforme sea el *perlage* producido por una piedra porosa, tanto mayor será su capacidad de oxigenar el agua, ya que los intercambios gaseosos se ven favorecidos por la presencia de burbujas pequeñas, con una mayor relación superficie/volumen.

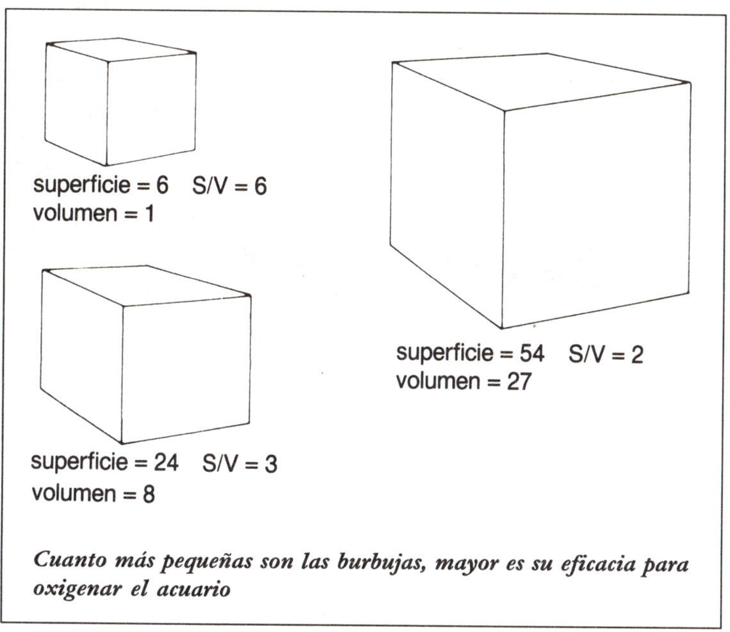

Cuanto más pequeñas son las burbujas, mayor es su eficacia para oxigenar el acuario

Caldeamiento e iluminación

- **Los peces y la temperatura**
- **Cómo caldear el acuario**
- **Cálculo de la potencia de los elementos calefactores**
- **Refrigeración del acuario**
- **La iluminación**
- **Cálculo de la cantidad necesaria de luz**

LOS PECES Y LA TEMPERATURA

En los ambientes acuáticos, la naturaleza ha ido seleccionando, a lo largo del tiempo, un gran número de especies de peces, cada una de ellas adaptada a características ambientales precisas. En consecuencia, las distintas variedades de peces tienen exigencias distintas en lo que respecta a la temparatura ambiente.

Desde un punto de vista fisiológico, estos vertebrados se definen como «heterotérmicos», de temperatura cambiante o, según se dice popularmente, de «sangre fría». Ello significa que los peces no son capaces de regular su temperatura de forma autónoma e independiente de la temperatura exterior, como sucede en los mamíferos, que son definidos como «homotérmicos». A lo largo de la evolución, los peces han ido poblando todos los espacios acuáticos, adaptándose a las diversas temperaturas existentes; de ahí que en la actualidad encontremos algunos peces capaces de vivir en las gélidas aguas de la Antártida y otros que se encuentran más a gusto en las aguas templadas. Entre estos dos extremos existe toda una gama infinita de variaciones posibles. Además, existen especies que toleran sin grandes problemas las variaciones térmicas del

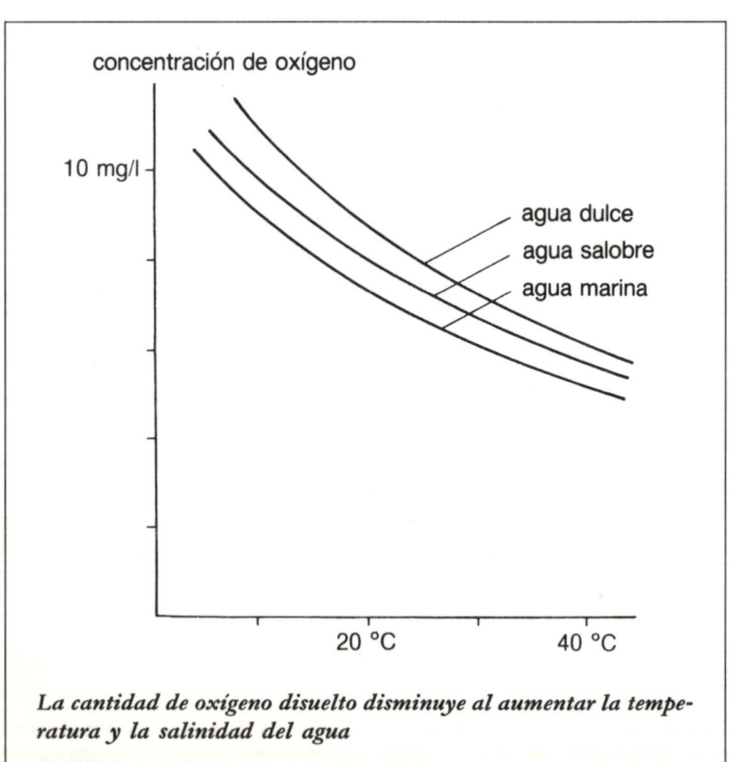

La cantidad de oxígeno disuelto disminuye al aumentar la temperatura y la salinidad del agua

ambiente (especies euritérmicas) y otras que, por el contrario, no las toleran (especies estenotérmicas). Por lo tanto, y como regla general, si un acuario contiene más de una especie (caso más frecuente), la temperatura del agua se regulará en función de las exigencias de la especie más delicada. Cada especie tiene, además, una temperatura *óptima* y este dato nos puede ayudar a determinar el tipo de población de nuestro acuario.

Tampoco debemos infravalorar la importancia de la temperatura en muchas cuestiones fisiológicas y/o metabólicas conectadas tanto con la vida de los peces como con el mismo acuario. En el capítulo dedicado a la filtración ya hemos mencionado la formación de poblaciones bacterianas y cómo influye la temperatura sobre ellas.

La temperatura regula también la concentración de oxígeno en el agua. La solubilidad de este gas vital es inversamente proporcional a la temperatura del agua: ello

EXIGENCIAS TÉRMICAS DE ALGUNAS ESPECIES DE ACUARIO
(EN °C)

Especie	*Temperatura ambiente*	*Temperatura de reproducción*
Aequidens pulcher	24-26	26
Barbus bariloides	23-25	25-28
Barbus p. pentazona	24-25	24-28
Betta unimaculata	23-25	25-28
Corydoras pygmaeus	22-25	25-28
Epiplatys sexfasciatus	20-23	23-28
Macropodus opercularis	15-20	22-24
Telmatherina ladigesi	23-28	22-24
Tilapia tholloni	20-25	22-25
Uaru amphiacanthoides	27-28	28-30

significa que cuando ésta aumenta, disminuye la cantidad de oxígeno disponible y viceversa (v. gráfico). La temperatura, además, regula la velocidad y la capacidad de asimilación de los alimentos, así como la descomposición de los desechos. En lo que se refiere más concretamente a los peces, la temperatura influye también, en muchos casos, en la reproducción (v. tabla pág. 69). Este hecho es muy conocido por los piscicultores, que consiguen obtener varias reproducciones en un mismo año en lugar de una, que es lo habitual), mediante variaciones reguladas de la temperatura.

Las variaciones estacionales de la temperatura y de la iluminación inducen cambios notables en la actividad de las glándulas endocrinas de los animales. En algunos casos es el aumento de temperatura lo que hace de estímulo,

DIMENSIONES DE LA CUBETA (EN CM) Y POTENCIA (EN VATIOS) NECESARIA PARA LA ILUMINACIÓN

Longitud	Anchura	Altura	Vatios*
40	30	20	10
50	35	30	15
60	25	40	20
60	40	30	20
80	35	45	25
90	40	40	30
100	40	50	40
100	45	55	50
120	50	67	80
160	50	60	100

* Si no existen lámparas de la potencia necesaria, utilizar siempre tubos fluorescentes de potencia superior.

mientras que en otros casos es precisamente la disminución de la misma (por ejemplo, las truchas). Muchas veces la actividad de las glándulas endocrinas implicadas en los procesos reproductivos se halla ligada a ciclos estacionales; si las especies precisan una temperatura concreta para la reproducción, conviene llegar a ella de la forma más natural posible, como sucede en la naturaleza. Todo lo dicho anteriormente no se aplica únicamente a los animales, sino también a ciertas plantas; muchas especies del género *Aponogeton*, por ejemplo, precisan un período de reposo anual a una temperatura ligeramente más baja.

CÓMO CALDEAR EL ACUARIO

Casi todos los sistemas de calefacción se basan en un elemento calefactor. Éste no es más que un tubo de material de plástico o vidrio en el que se coloca una resistencia y también (casi siempre) un termostato de tipo

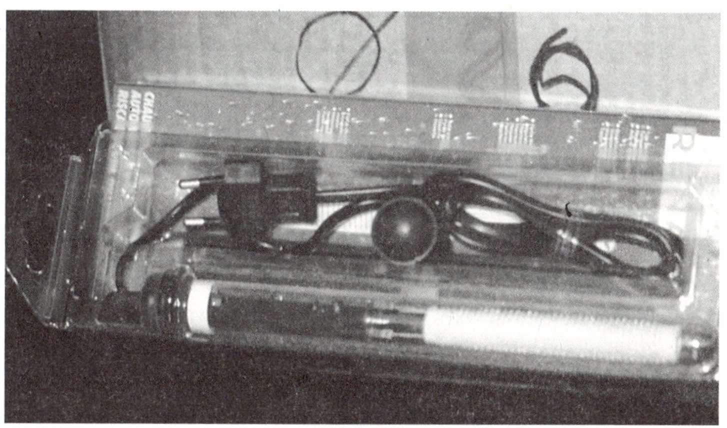

Ejemplo de calefactor con termostato incorporado

bimetálico o electrónico. Los calefactores más económicos son los de tipo fijo, que reciben este nombre no por ser inamovibles, sino por carecer de termostato. Los hay de varias potencias, según la cantidad de agua a calentar y la temperatura deseada, datos que hay que conocer antes de proceder a la compra. Los inconvenientes de este tipo de elemento calefactor —bastante frecuentes, por cierto— se deben a la imposibilidad de controlar la temperatura del agua. Estos aparatos funcionan de una forma continua, independientemente de la temperatura alcanzada por el ambiente, con todos los problemas que esto entraña.

Es, por tanto, mucho más aconsejable adquirir un calefactor con reostato (hay muchas clases diferentes), con la posibilidad de regular la temperatura con gran precisión (los electrónicos ofrecen precisiones de ± 1 °C. La elección debe hacerse siempre en función del acuario: cuanto mayores son sus dimensiones y menor su aislamiento (el atrio de un palacio tiene condiciones climáticas muy distintas a las del salón de una vivienda normal), más potente debe ser el sistema de calefacción instalado. En cualquier caso, conviene disponer siempre de una potencia superior a la calculada, para evitar que el aparato, aunque disponga de termostato, trabaje continuamente. Antes de colocarlo en el acuario es preciso asegurarse bien de su carácter hermético, que posibilita su inmersión parcial o completa en el agua.

Los tipos totalmente sumergibles se colocan cerca del fondo, mientras que los segundos deben sobresalir en parte del agua. Casi todos los tipos tienen una luz de control para saber cuando el aparato está funcionando; conviene que la luz sea muy visible desde el vidrio. Todos los calefactores están fabricados con materiales de buena calidad y los totalmente herméticos son muy seguros. En el caso de aparatos parcialmente sumergibles, hay que evitar que acaben introduciéndose por completo en el agua. Las ventosas suelen ofrecer una buena adherencia (el peso de un calefactor en el agua es prácticamente nulo), pero es mejor sujetarlo también mediante un hilo de nilón, que no se ve en el agua pero que ofrece una protección suplementaria.

También hay que recordar que estos aparatos están diseñados para estar dentro del agua; si se conectan fuera de ella pueden llegar a romperse a causa del exceso de calor.

Nos parece útil dedicar algunas palabras a la seguridad de las instalaciones eléctricas en los acuarios. Los aparatos que se venden hoy en día están garantizados y son seguros, pero todos podemos cometer un descuido, en especial si del acuario se ocupan también los niños. Una buena costunbre es la de desconectar el enchufe central cuando se está trabajando en el acuario, o bien dejar sólo en marcha el ventilador. Trabajando con un mínimo de precaución se pueden evitar grandes problemas. Últimamente han aparecido en el mercado termostatos electrónicos externos para combinar con cualquier tipo de calefactor, incluso con los fijos. A pesar de que su precio es aún alto (de 13.000 a 22.000 pesetas, aunque puede bajar en el futuro), hay que tener en cuenta que estos aparatos no están en contacto con el agua, permiten una regulación muy precisa y tienen una duración muy superior a la de otros termostatos. Además, sus sondas termorreguladoras pueden colocarse dentro de la cubeta en cualquier posición (siempre que estén lejos del calefactor) para poder garantizar un mayor control y una temperatura más uniforme en el recipiente. Debido a sus características especiales, se aconsejan especialmente en el caso de acuarios de grandes dimensiones, con poblaciones de elevado precio y sensibles a las variaciones de temperatura. Los aficionados que tengan conocimiento de electrónica pueden construirse ellos mismos un termostato, a condición de que lo prueben antes de usarlo, ya que la vida de sus peces depende de él.

Para completar nuestra descripción de los calefactores hay que citar el sistema de los tubos calientes. Se trata de resistencias colocadas dentro de tubos flexibles que pueden colocarse en el fondo, ocultos entre los sedimentos. Hay que decir que estos aparatos tienen una cierta dificultad para elevar la temperatura del agua, ya que la arena y la grava en las que suelen estar enterrados son pésimos conductores del calor. Para utilizar estos cables calefactores conviene colocarlos en la capa intermedia del filtro interno, favoreciendo su contacto con el agua en circulación.

Como se puede deducir de todo lo dicho, no es fácil saber dónde colocar el calefactor. Si nos detenemos a reflexionar sobre sus funciones, se nos ocurrirán algunas ideas. Como el aparato debe calentar toda la cubeta, habrá que colocarlo en un punto en el que exista un cierto flujo de corriente. Si no existiera circulación del agua, la capa acuosa más próxima no tardaría en calentarse, con lo que el termostato movilizaría la desconexión del aparato aún sin haberse alcanzado la temperatura en otros puntos, debido a la deficiente propagación del calor en el agua. El agua caliente, por otra parte, tiene una densidad más baja, se vuelve más ligera y tiende a flotar en la superficie, lugar en el que se forma finalmente una capa de agua caliente. Este fenómeno es muy conocido de los estudiosos de ecología acuática, que suelen llamarlo *estratificación térmica*. Siempre que sea posible se colocará el calefactor en posición horizontal, para que pueda ceder el calor más uniformemente. Como se ha dicho, los calefactores deben colocarse siempre cerca de una corriente de agua, que puede

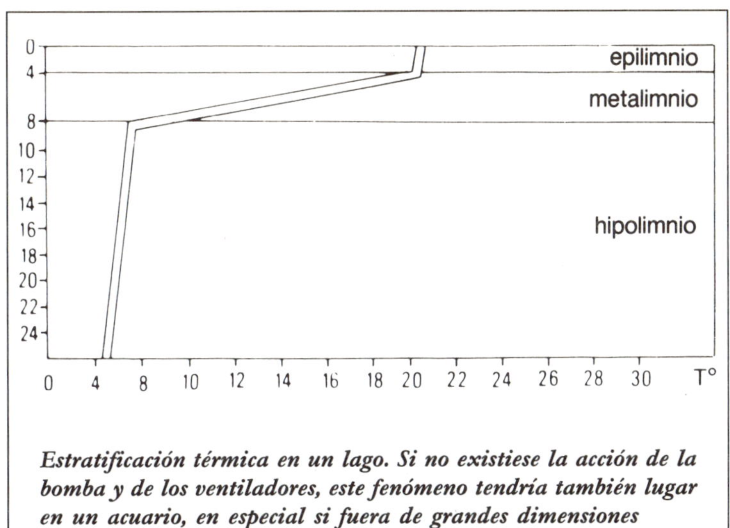

Estratificación térmica en un lago. Si no existiese la acción de la bomba y de los ventiladores, este fenómeno tendría también lugar en un acuario, en especial si fuera de grandes dimensiones

ser la del tubo de entrada del agua del filtro o bien las proximidades de la columna de aire del ventilador.

En cualquier caso, conviene colocar el calefactor cerca del fondo para asegurar un mejor calentamiento. Una solución aparentemente ideal es la de colocar el calefactor en el filtro. De esta forma se asegura que todo el agua entre en contacto con la fuente de calor. No obstante, para que este proceso tenga lugar de una forma eficaz, es preciso que el flujo de agua no sea demasiado lento, para que el que contiene el filtro no se caliente demasiado o demasiado aprisa, con respecto al agua de la cubeta.

También hay que controlar con una cierta atención la temperatura del aire en el espacio comprendido entre la superficie del agua y la tapa. Es posible que esta capa de aire tenga una temperatura más baja que el agua, lo que podría resultar nocivo para algunas especies de peces que tienen por costumbre salir a la superficie y respirar el aire atmosférico.

CÁLCULO DE LA POTENCIA DE LOS ELEMENTOS CALEFACTORES

Junto a las simples reglas empíricas, como el cálculo de los vatios (unidad de medida utilizada para expresar la potencia de un calefactor) por litro de agua, hay sistemas algo más precisos y sofisticados que requieren cálculos fáciles de hacer con una simple calculadora de bolsillo y que permiten establecer con suficiente precisión la potencia necesaria para nuestros calefactores.

Estos cálculos tienen en cuenta la pérdida de calor que experimenta el acuario respecto al medio ambiente, si éste está más frío, o la ganancia, si está más caliente, lo cual depende de los materiales que lo forman y de su superficie. Las últimas *crisis energéticas* nos han enseñado perfectamente qué es el aislamiento térmico y por ello no insistiremos aquí en el tema. Nos limitaremos a recordar que en un acuario existen las mismas reglas que en una casa.

Los materiales con los que el acuario está construido tienen unos coeficientes de dispersión del calor que varían según sus capacidades aislantes. Estos coeficientes pueden expresarse en calorías por segundo multiplicado por centímetro cuadrado y por grado ($cal/seg^{-1}/cm^{-2}/{}^{\circ}C^{-1}$), o bien en vatio por centímetro cuadrado multiplicado por grado centígrado ($W/cm^2/{}^{\circ}C$), y simplifican mucho los cálculos.

He aquí los valores de los coeficientes de dispersión del calor de los materiales más usados en la construcción de un acuario:

agua	9,5/10.000
vidrio (4 mm)	6,5/10.000
vidrio térmico	4/10.000
conglomerado (20 mm)	3,5/10.000
fibra o resina de vidrio (10 mm)	2/10.000
cemento (100 mm)	3/10.000

Como puede observarse, el valor más elevado es el del agua. Estos valores suponen que la cubeta no está aislada. Cuando así sucede (por ejemplo, por estar empotrada en un hueco), los valores obtenidos por cálculo pueden ser menores.

Un ejemplo de cálculo

Supongamos un acuario de vidrio de $70 \times 50 \times 40$ cm; su capacidad teórica es de 140 litros cuando está totalmente lleno de agua. Para el cálculo de la potencia calefactora no nos interesa la capacidad de nuestra cubeta (que, en realidad, contendrá poco más de 100 litros de agua), sino la superficie y los materiales de que está formada. En ese caso tenemos únicamente vidrio y agua.

La superficie libre del agua es de $70 \times 40 = 1.800$ cm^2.

La superficie del vidrio equivale al perímetro multiplicado por la altura: $70 + 70 + 40 + 40 = 220 \times 50 = 11.000$ cm^2.

En este punto sólo hay que multiplicar la superficie por los respectivos coeficientes de dispersión:

$$\text{agua} = 2.800 \times 9,5/10.000 = 2,66;$$
$$\text{vidrio} = 11.000 \times 6,5/10.000 = 7,5.$$

El total es de 9,8. A este valor hay que añadir el correspondiente a la base del acuario, que habrá que reducir en un tercio al estar aislada con una capa de poliestireno (v. «La construcción del acuario»); este valor es de 0,6. Así tendremos un total de 10,4. Esta cifra se multiplicará luego por la diferencia de temperatura existente entre la cubeta y el ambiente, lo que implica que deberemos realizar estas mediciones. La diferencia suele ser de 6-8 °C en un piso con calefacción.

La potencia del calefactor será, pues, de 80 vatios. Como es lógico, un aparato de esta potencia deberá trabajar siempre al máximo para mantener el agua a la temperatura deseada. Por tanto, es mejor comprar un aparato de mayor potencia, que pueda garantizar una mejor eficacia. Tampoco conviene exagerar, ya que, en caso de accidente o de error en el funcionamiento del termostato, la temperatura podría llegar a «cocer» a nuestros peces.

Existe otro cálculo, también sencillo, para establecer la potencia del calefactor. Con ayuda de una calculadora capaz de generar potencias, aplicaremos la fórmula siguiente:

$$W = K \times {}^{\circ}C \times V^{0,66}$$

de donde:

W = potencia del calefactor en vatios;
K = una constante que vale 0,2924;
°C = aumento deseado de temperatura respecto a la externa;
V = volumen de la cubeta en litros.

El termómetro es un utensilio esencial para controlar el calentamiento de la cubeta, el único instrumento capaz de informarnos correctamente sobre lo que sucede en el acuario. Las posibilidades de elección son casi infinitas. Hay desde los pequeños termómetros de alcohol hasta ejemplares incorporados al densímetro (en el caso de acuarios marinos), desde termómetros digitales hasta modelos con cristal líquido capaces de adoptar colores diferentes según la temperatura. También es importante considerar la posición del termómetro, ya que no conviene colocarlo demasiado cerca del calefactor para que no resulte influido por él. Para conseguir datos fiables conviene situarlo en la parte opuesta a la fuente de calor.

No conviene utilizar termómetros (a menos que sean de alta precisión) con escalas que parten de valores inferiores a 0 ºC (a nadie se le ocurre tener peces árticos en casa) para así evitar confusiones desagradables. Es mejor elegir un termómetro con una escala que vaya de 15 a 40 ºC y que sea fácil de leer a través del vidrio del acuario. En el momento actual existen también termómetros digitales baratos con sondas, que pueden colocarse en el mismo acuario. Como, por lo general, estos termómetros no están pensados para un acuario, es posible que el material utilizado para la sonda no sea totalmente atóxico; este punto es fácil de resolver: basta con introducir la parte inferior de la sonda en un tubito de vidrio y sellarlo con silicona.

Entre los posibles problemas que pueden presentarse en el calentamiento de un acuario —mal funcionamiento del termostato y aumento de la temperatura, rotura del calefactor y disminución consiguiente de la misma— el menos grave es, precisamente, este último: falta de conexión o rotura del calefactor. Por suerte, el agua tarda un cierto tiempo en enfriarse; este tiempo es tanto mayor cuanto menor es la diferencia de temperatura respecto del ambiente circundante. A título de ejemplo podemos decir que un acuario de 120 litros que contiene agua a 30 °C, colocado en una habitación a 20 °C, tarda casi 15 horas en alcanzar una temperatura de 21 °C, tiempo que permite que intervengamos sin peligro. Como es lógico, para darse cuenta de estos fallos hay que observar la cubeta cada día: por la mañana y por la tarde. Así es como proceden los acuaristas responsables.

REFRIGERACIÓN DEL ACUARIO

Una vez tratado el problema del calentamiento, algún lector se preguntará también si es posible enfriar el agua del acuario cuando sea necesario. La pregunta es menos absurda de lo que podría parecer, ya que los acuarios templados, sobre todo los marinos y mediterráneos, plantean problemas precisamente por la dificultad de enfriar el agua. Ésta no estriba en los problemas técnicos relacionados con el enfriamiento del agua, sino en la falta de aparatos cuya simplicidad, volumen y precio pueda ser comparable a los calefactores.

Una instalación de refrigeración es mucho más complicada que un simple elemento calefactor y requiere mucho más espacio por estar colocada fuera del acuario, por lo menos en el caso de los modelos actuales. El primer consejo a todo aquel que desee construirse un acuario mediterráneo o desee conservar en la cubeta una cierta cantidad de agua dulce fría es que coloque el acuario en la habitación más fresca de la casa. La bodega o los bajos serían ideales, pero no todos pueden disponer de este tipo de espacios. Además, esto representaría tener que renunciar al espectáculo ofrecido por el acuario.

Si se desea tener el acuario en un lugar visible, la única alternativa es disponer de organismos que se adapten de una forma natural a las variaciones de temperaturas.

Sin salir del ámbito mediterráneo, se pueden elegir especies que viven normalmente en los primeros metros de agua, como muchas babosas (peces muy simpáticos, comparables en inteligencia y simpatía a los cíclidos tropicales); ciertas gambas e invertebrados, como las lapas (más interesantes de lo que uno cree) o los tomates de mar (anémonas). En un acuario de este tipo pueden también colocarse algunos cefalópodos y doradas, siempre que las dimensiones lo permitan. Los más exigentes deberán enfriar el agua según los sistemas de refrigeración disponibles, o bien construirse uno mismo un aparato similar.

No se trata de una empresa difícil ni costosa, pero requiere la colaboración de un experto en instalaciones frigoríficas; otra posibilidad es hacer circular agua del grifo a través de un serpentín oportunamente oculto en la cubeta. La solución es buena y útil cuando la temperatura alcanza un punto crítico, pero supone un gasto excesivo de agua, sobre todo en el momento actual, en el que cada vez más se habla de ahorro de las reservas hídricas, sin contar con la necesidad de disponer de un desagüe cercano para no tener que atravesar toda la sala con un tubo poco estético.

Una alternativa interesante sería la de adaptar un pequeño maletín frigorífico y hacer circular agua por su interior, aunque el riesgo en este caso es el alcanzar una temperatura demasiado baja. Como puede verse, no es imposible refrigerar un acuario, pero hay que estar dispuesto a resolver ciertas dificultades.

LA ILUMINACIÓN

Muchos peces criados en los acuarios son diurnos, es decir, dependen mayormente de la luz y este factor es el que regula su vida. Algunos peces, especialmente los depredadores, utilizan la vista para capturar sus presas, mientras que en otros casos es precisamente la luz la que permite reconocer ciertos colores y dibujos, dando paso a la reproducción. El tiempo de iluminación es también un factor importante en este fenómeno (v. todo lo dicho respecto a la temperatura). El período de luz —es decir, la duración del día, que siempre es más corta que en la tierra debido a la refracción de la luz— tiene una enorme importancia para los peces que viven en nuestras latitudes; en las especies que se reproducen en primavera, la maduración de las gónadas se acelera al aumentar las horas de luz, mientras que en aquellas otras que se reproducen en invierno, es precisamente su disminución la que acelera el proceso. Y no sólo las variaciones estacionales influyen en la vida de los peces. La especie *Oryzias latipes* pone regularmente algunos huevos cada mañana, pero esta regularidad se altera al cambiar el período luminoso. El *Chanda ranga* y *Brachydanio rerio* son estimulados por la luz del alba en el momento de reproducir, mientras que el *Nannaethiops unitaeniatus* prefiere reproducirse cuando la iluminación es particularmente intensa. La influencia de la luz es tan grande que durante las horas de oscuridad muchas especies llegan incluso a perder parte de su color, como si comprendieran que éste es ya inútil, o bien adoptan colores especiales, que algunos definen como «colores pijama». El encendido rápido de la luz tras un largo período de oscuridad permite comprobar que los colores de los tetra no son menos vivos que durante el día, o bien que las rayas negras de los escalares o del *Barbus tetrazona* casi han desaparecido.

No obstante, no todos los peces aman la luz. Muchos de los llamados «peces gato» (orden siluriformes) tienen hábitos crepusculares o nocturnos y por ello se muestran más activos de noche que durante el día. Este es el motivo por el que muchos de sus compradores se quejan luego de no poderlos observar. Tampoco hay que olvidar el caso del *Anopticthys jordani*, un pez mexicano ciego que en la naturaleza pasa toda la vida en la oscuridad de las grutas, pero que a veces se ve en acuarios muy iluminados, en

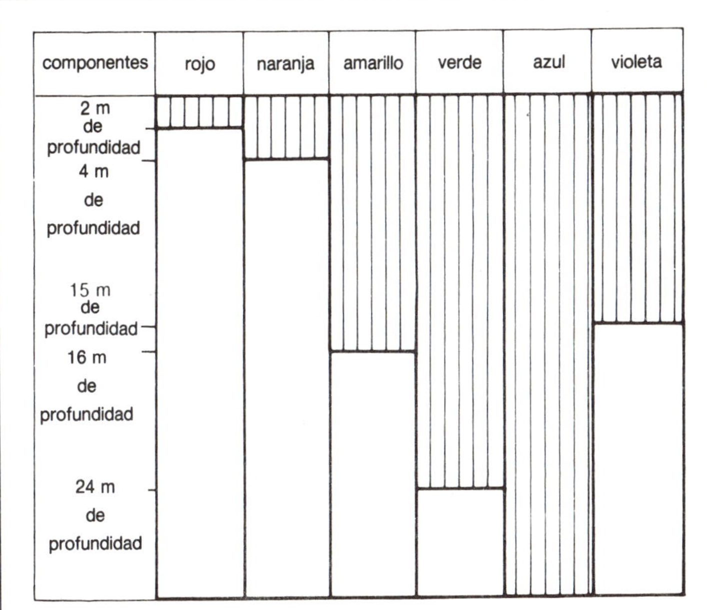

La luz es absorbida selectivamente por el agua en función de su profundidad

compañía de peces que prefieren la luz: un verdadero contrasentido para un acuarista que desee respetar las exigencias de sus peces.

La luz visible a la que nuestro ojo es sensible está formada por radiaciones de longitud de onda comprendidas entre 3.500 y 7.500 ångström, que se extienden del violeta al rojo (incluyendo una parte del ultravioleta e infrarrojo que, no obstante, no son visibles a simple vista), con un máximo que alcanza los 4.800 ångström; es decir, la parte azul/verde del espectro solar. El campo de sensibilidad de los peces es mucho más limitado. Los peces marinos suelen mostrar un pico de sensibilidad entre los 5.000 y 5.500 ångström, mientras que los de agua dulce tienen un campo algo más amplio (5.400/6.200 ångström). Esto depende del particular comportamiento de la luz en el agua, ya que ésta actúa como un filtro selectivo, absorbiendo de forma gradual toda la energía luminosa. En primer lugar se absorben las radiaciones infrarrojas y ultravioleta, luego la roja y, por último, la verde y la azul. Esta progresión tiene mucha importancia en el mundo acuático, sobre todo para las plantas, ya que su distribución depende en gran medida de las radiaciones luminosas. Las algas verdes y las plantas pueden vivir tan sólo a una profundidad a la que llega una cantidad suficiente de radiación roja, mientras que otros tipos de algas, con pigmentos fotosintéticos sensibles a otras radiaciones, pueden vivir a profundidades mayores, donde llegan los rayos verdes y azules. La elección de un determinado tipo de iluminación en el acuario no influye tan sólo en la vida de las plantas. Los peces expuestos a una iluminación demasiado fuerte suelen mostrar colores pálidos, pérdidas de apetito, comportamiento agitado y síntomas de estrés, síntomas que advierten de la necesidad de disminuir la intensidad luminosa o de colocar protecciones adecuadas para los animales.

Aquí cabe preguntarse por qué no conviene utilizar luz solar para iluminar el acuario. A primera vista, ésta podría parecer la mejor solución, pero su aplicación presenta algunos problemas. En primer lugar, no siempre es posible colocar la cubeta de tal forma que pueda recibir los rayos del sol; además, la cantidad de luz recibida no sería casi la óptima para muchas de las especies introducidas. Durante una gran parte del año, la luz sería excesiva o bien insuficiente, con los consiguientes resultados negativos: si la luz fuese escasa, las plantas se resentirían con rapidez; por el contrario, si fuese excesiva, no sólo se produciría un sobrecalentamiento del agua, sino que el recipiente se vería rápidamente cubierto por una gruesa pátina de algas verdes que impediría la visibilidad y ahogaría el resto de la vegetación. Todo ello no significa que la luz del sol no tenga un efecto positivo sobre la población de los acuarios, en especial sobre la coloración de los peces, tal como puede apreciarse al comparar las libreas de los ejemplares salvajes y en cautividad. Pero, por desgracia, su dosificación es difícil.

Para evitar todos estos problemas conviene recurrir a un sistema de iluminación artificial, a base de lámparas de neón. Las lámparas fluorescentes han sustituido casi por completo a las bombillas incandescentes, excepto en los acuarios más sencillos, sobre todo por su mayor fiabilidad, su menor consumo y su menor producción de calor. Ya ha pasado la época en que estas lámparas producían una luz de tipo frío, de color blanco y de aspecto casi aséptico; en el momento actual existe una amplia gama de variedades para satisfacer al cliente más exigente. Existen lámparas que simulan perfectamente la luz del día con toda su gama de radiaciones y otras que favorecen el crecimiento de las plantas; también existen las variedades de luz negra, destinadas a ofrecer efectos especiales y las de vapor de

Por lo general, las lámparas se colocan en lugares especiales en las tapas de los acuarios

mercurio, indispensables para acuarios de grandes dimensiones. Junto a ellas pueden utilizarse lámparas dicroicas y pequeños focos para crear efectos especiales e iluminar rincones determinados del acuario, o incluso modelos especiales para estar sumergidos, lo que permite convenir la iluminación en un factor ornamental y estético.

En los acuarios habría que evitar los cambios demasiado bruscos de intensidad luminosa para no asustar a los peces u obligarlos a nadar a ciegas, chocando contra las paredes de la cubeta hasta que sus ojos se acostumbren a la luz. Por la mañana, una buena costumbre es esperar a que la luz natural sea lo bastante intensa para encender las lámparas del acuario (una a una si hay varias); por la tarde, se procederá justo al contrario.

Para dirigir sobre la superficie del agua la mayor cantidad de luz posible (no hay que olvidar que las radiaciones luminosas de los tubos de neón se dispersan uniformemente en todo el espacio circundante), es preciso un reflector que haga de espejo, devolviendo parte de la energía luminosa en la dirección deseada. En los acuarios comerciales, estos reflectores están ya dispuestos en la tapa. En los de fabricación casera es posible encolar sobre la parte inferior de la tapa una lámina de aluminio, protegido luego con otra lámina de plástico transparente. Hay que tener en cuenta la posición y forma de los reflectores, porque influyen mucho en la iluminación del acuario. Un reflector estrecho y alto concentra toda la luz por debajo de él, dejando parte del acuario poco iluminado.

Si se desplaza este tipo de iluminación hacia el lado frontal o el lado posterior, se obtienen efectos especiales de gran contraste: en el primer caso se tendrá un fondo oscuro sobre el que resaltan los peces, mientras que en el segundo la cubeta parecerá más profunda. Por el contrario, un reflector tan ancho como la cubeta garantiza una iluminación uniforme en todo el acuario.

CÁLCULO DE LA CANTIDAD NECESARIA DE LUZ

Una vez esclarecido el importante papel que juega la iluminación, hay que pasar a determinar, como en el caso de la calefacción, la cantidad de luz necesaria.

Como regla empírica se aconseja una potencia de 0,5 vatios por litro de agua. Como es lógico, esta regla tiene muchas limitaciones, ya que las cubetas pueden tener igual capacidad pero profundidades distintas, o bien contener agua marina o agua dulce, agua coloreada por exigencias especiales (para simular un biotopo amazónico), etc. Existe un cálculo aproximado muy simple: en un acuario con una población normal, la potencia de luz necesaria (en vatios) equivale a la longitud de la cubeta (en cm). Esta regla se aplica a las bombillas incandescentes; en el caso de lámparas fluorescentes hay que reducir la potencia en una mitad o en un tercio. No es fácil dar valores precisos sobre la iluminación necesaria en un acuario; en este caso aconsejamos la lectura de un buen libro sobre la vegetación del acuario. A título orientativo puede consultarse la tabla de la pág. 70, añadiendo una nueva regla empírica: si el acuario tiene una profundidad de hasta 50 cm, se pueden calcular 0,25 vatios por litro de agua, mientras que para aguas más profundas o no del todo transparentes, esta potencia se aumenta en 30-50 %.

Estas reglas nos indican tan sólo la potencia de iluminación del acuario, pero aún está por decidir la duración del período de iluminación, que debe estar basado en las exigencias de los animales y las plantas. Los organismos tropicales prefieren una alternancia de oscuridad y luz de unas 12 horas, mientras que las especies habituadas a climas templados preferirán un período de iluminación de 10 horas. Según lo que ocurra en el acuario (no hay que olvidar que las plantas son los indicadores más sensibles), habrá que aumentar o disminuir este período, o bien sustituir o modificar la iluminación.

Instalación del acuario

- Dónde colocar el acuario
- Proyecto gráfico del conjunto
- Centros de interés
- Cómo llenar el acuario

DÓNDE COLOCAR EL ACUARIO

El primer punto a tener en cuenta es el lugar de colocación del acuario. Esta elección debe hacerse sin prisas, analizando bien todos los pros y contras. El acuario debe estar bien visible, pero no los cables, tubos u otros elementos; también es importante elegir un lugar de fácil acceso, para poder realizar los trabajos de mantenimiento. No hay que colocar el acuario cerca de las corrientes de aire frío o demasiado cerca de una ventana, para evitar enfriamientos o calentamientos nocivos, así como crecimientos antiestéticos de algas sobre los vidrios; debe estar colocado lejos de vibraciones (recuerden que los peces viven en un mundo en el que tanto sonidos como vibraciones desempeñan un papel muy importante) y de humos y vapores (nunca hay que colocar el acuario en la cocina o en la sala en donde se fuma). El lugar elegido debe poder sostener sin problemas el recipiente, que, una vez lleno y habitado, pesará casi el doble y será difícil de transportar. Una vez establecida la posición definitiva (sin olvidarse de la posición de las personas que lo observarán, sentadas o de pie) podremos comenzar ya el montaje. Es muy importante colocar entre el plano del apoyo y la cubeta una lámina de poliestireno expandido, de un grosor mínimo de un centímetro, para proteger el vidrio del fondo de posibles roturas y para aislar térmicamente el acuario. Mientras tanto se procederá a lavar bien la cubeta y a aclararla con cuidado para eliminar las posibles trazas de los materiales usados durante su construcción o de alguna limpieza anterior.

PROYECTO GRÁFICO DEL CONJUNTO

En este momento resulta útil disponer de una especie de proyecto gráfico de lo que será nuestro acuario. Así tendremos una idea más clara respecto dónde colocar los tubos para la ventilación, las piedras porosas, los calefactores y todos los accesorios que deben introducirse en el acuario. Este consejo se aplica en particular a los tubitos de plástico de los ventiladores, que, una vez completado el acuario, se transforman en una especie de *duendes traviesos* que saltan siempre de un lado a otro en el momento menos oportuno. Una vez situados los tubos se puede proceder a organizar el material del fondo, que debe ser elegido con cuidado según el tipo de acuario previsto.

Como puede verse en la tabla de la pág. 92, la arena coralina es ideal para un acuario marino tropical, pero resulta totalmente inadecuada para uno de agua dulce, en

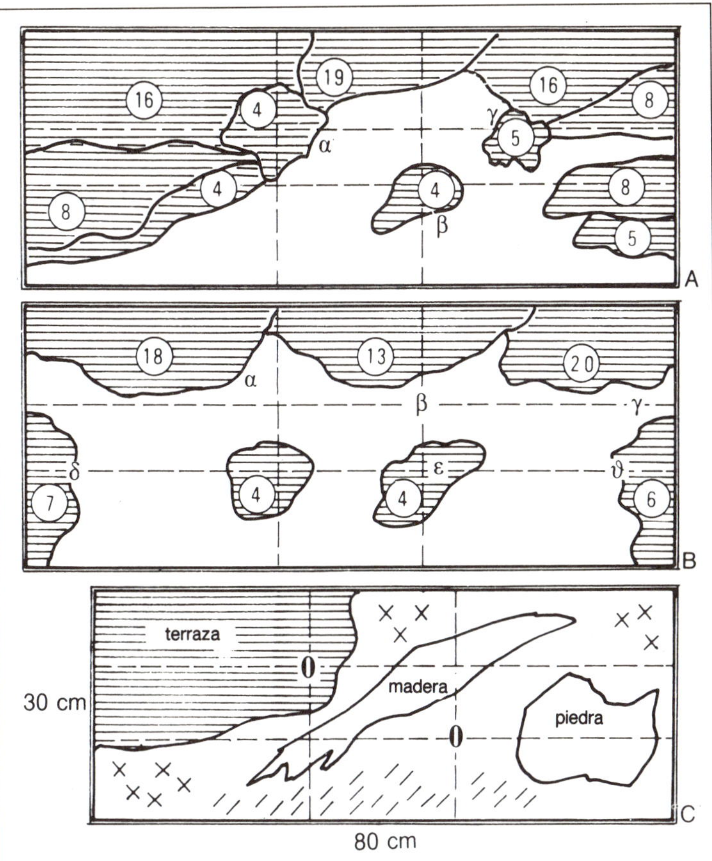

Cómo proyectar la ordenación interna del acuario. En el dibujo A, las zonas rayadas indican las terrazas y los números su altura en cm, α y γ son plantas colocadas en centros de interés, β es una terraza muy baja o una planta especial. Dibujo B, acuario visto frontalmente: α, β, γ, δ, ε, ζ, centros de interés; zonas rayadas, terrazas; números, su altura en cm. Dibujo C, decoración de un acuario de 80 × 30 × 40 cm formado por: 0, centro de interés, ///, plantas bajas, XXX, plantas altas

Material	Acuario de agua dulce	Acuario marino
Arena silícea	sí	no
Granulado de cuarzo	sí	no
Granulado de lava	sí	no
Granulado coralino	no	sí
Arena coralina	no	sí
Trozos de conchas y caparazones	no	sí
Material cerámico	sí	sí
Corcho	sí	sí
Plástico no tóxico	sí	sí
Poliestireno	sí	sí
Madera	sí	no

el que es mejor utilizar arenas y gravillas silíceas o bien materiales tipo lava.

En estos acuarios está totalmente prohibido, por peligrosas y absurdas, las ramas de madréporas y las conchas típicamente marinas. El sedimento constituye una parte importante del acuario, no sólo desde un punto de vista estético para los observadores, sino también para la vida de los animales y las plantas. La elección del fondo debe realizarse con sumo cuidado, teniendo en cuenta el color, la forma, el tipo y aspecto del granulado y los posibles efectos que se pueden obtener mezclando los elementos y acercándolos entre sí. Por ejemplo, un fondo de color oscuro acentuará el contraste con el color claro de los animales y con el verde de las plantas, resaltando aún más el efecto cromático de los peces coloreados.

Cuanto más finos son los sedimentos, menor debe ser

su grosor total, para evitar así la formación de bolsas sin oxígeno. Es mejor utilizar materiales de granaulometría entre 2 y 6 mm, utilizando terrazas para elevar el fondo sin crear capas demasiado gruesas de sedimento. Para hacer las terrazas pueden usarse placas de plástico (o las rejillas de los filtros bajo arena), así como láminas de pizarra o material similar, incluso de poliestireno. Este material, gracias a su ligereza y facilidad de recortado, se presta muy bien a la construcción de fondos con grutas y recovecos.

Una vez construido el fondo en poliestireno, se puede cubrir con una cola a base de silicona, espolvoreando

Una pequeña ánfora de arcilla puede ser un perfecto refugio para una morena

Unos trozos de ladrillo también pueden servir para decorar un acuario

Existen rocas silíceas de varias formas y tamaños

94

La madera, sobre todo en los acuarios de agua dulce, resulta un material ornamental muy útil

encima la arena y la gravilla para ocultar su color blanco, o bien pintarlo de algún color, siempre y cuando se utilicen pinturas no tóxicas. Las rocas, terrazas y falsos fondos pueden servir para ocultar tubos y filtros, así como para conferir a la cubeta un aspecto natural. También pueden usarse trozos de madera; en las tiendas especializadas hay un buen surtido, aunque, con un poco de suerte, es fácil hallar en las orillas de los ríos trozos ya impregnados de agua o parcialmente petrificados (elegir los menos contaminados).

El corcho, sobre todo el natural, es un material óptimo para los acuarios. La decoración puede ser completada con dibujos tipo póster, que se venden incluso a metros, para colocar tanto dentro como fuera del acuario, aumentando la sensación de profundidad y espacio.

Existe otra forma de aumentar dicha sensación: con-

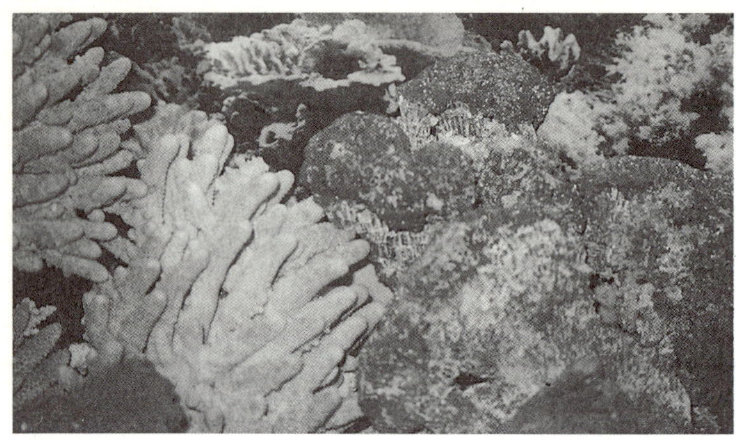

Si está bien proyectado, el interior del acuario puede convertirse en algo muy parecido a un mar tropical

Estos adhesivos que representan fondos permiten obtener un efecto de profundidad muy interesante

siste en disponer el fondo en subida hacia la pared posterior (1 cm cada 10 cm de arista), para reducir así la cantidad de luz refractada o bien crear hendiduras o estrechamientos y aumentar la sensación de profundidad. También es posible aprovechar la iluminación para crear juegos de luz y sombra destinados a sugerir un mayor espacio.

CENTROS DE INTERÉS

Para la decoración del acuario conviene leer algún libro de trucos escenográficos o repasar algunos conceptos sobre perspectiva. Aquí sugerimos introducir en el proyecto gráfico los llamados «centros de interés», basados en la sección áurea. Se trata de puntos que se pueden determinar de una forma bastante precisa por medio de un simple cálculo matemático, sin recurrir a construcciones geométricas con escuadra y compás (v. gráfico pág. 98). Si

Detalle del fondo de un acuario: a excepción del espacio, no tiene nada que envidiar a un fondo marino

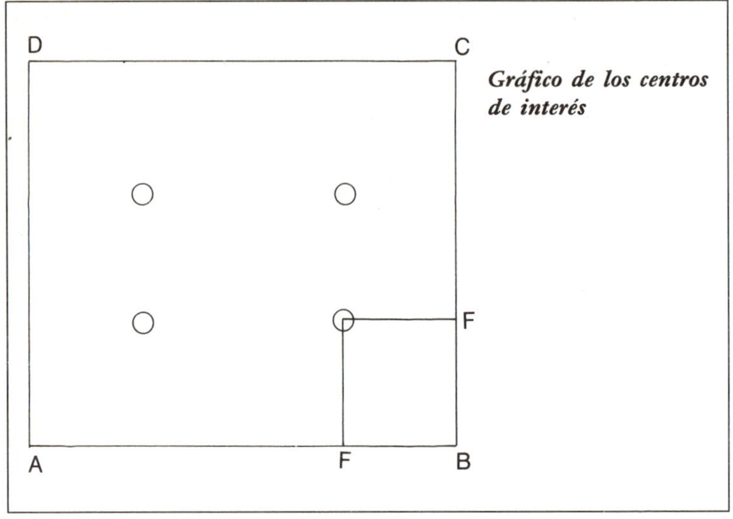

sabemos que la relación entre las dos partes de un segmento dividido según la sección áurea es de 1,618, es fácil hallar el centro de interés dividiendo la longitud de los lados AB y BC por dicho valor y restando este valor de la longitud total. El punto de intersección de los segmentos FB y FC es el centro de interés buscado.

Al repetir este proceso para cada par de lados, hallaremos cuatro centros de interés que pueden ser utilizados para colocar objetos altos destinados a conseguir efectos óptimos de profundidad. Siempre conviene realizar primero un dibujo a escala del propio acuario para situar las medidas y los puntos obtenidos.

También hay que recordar que el paso de un elemento decorativo a otro debe ser realizado de una forma armónica, evitando un tipo de decoración demasiado fragmentado, que provocaría una sensación de confusión y desorden, así como espacios inaccesibles que obstaculizan la circulación del agua o dificultan la limpieza.

Un acuario «clásico» puede ser decorado con pequeños templos griegos de tipo antiguo

CÓMO LLENAR EL ACUARIO

Una vez finalizada la «escenografía» del acuario, se puede proceder a llenarlo con agua. Para evitar el desarreglo de los sedimentos colocados con tanto cuidado, conviene disponer sobre el fondo una lámina de plástico transparente que romperá el chorro de agua. Nuestro acuario se irá llenando lentamente, cobrando vida. Esta fase suele resultar muy emocionante, ya que parece un poco la botadura de una nave. Uno observa con cierto temor, en especial si la cubeta ha sido construida en casa, cómo va entrando el agua, vigilando posibles signos de debilidad o de pérdidas (v. capítulo «La construcción del acuario»). Una vez llenada la cubeta hasta el nivel deseado, se realizan todos los contactos eléctricos y se ponen en funcionamiento las bombas, ventiladores y lámparas, para tener una idea general del trabajo a realizar. Antes de llenar el filtro con todo el material conviene esperar un poco. Aunque el material utilizado se haya limpiado previamente, es posible que existan partículas de suciedad y de detritos que acabarían ensuciando el filtro inútilmente. En esta fase basta con colocar un estrato de fibra sintética y esperar. El agua comenzará a circular poco a poco y una parte de los sedimentos se depositará sobre el fondo, mientras que otra quedará atrapada en el filtro hasta que el agua se vuelva totalmente limpia. En este momento se puede proceder a sacar toda —o casi toda— el agua y sustituirla por otra nueva. Esta vez llenaremos el filtro y encenderemos el calefactor en espera de introducir los nuevos inquilinos. Como ya tendremos idea de las especies elegidas, tanto animales como vegetales, nos preocuparemos de controlar la temperatura y las características químicas del agua en función de sus necesidades específicas.

Introducción de la población

INTRODUCCIÓN DE LAS PLANTAS

Han pasado algunos días tras el llenado de la cubeta y ésta funciona ya de forma perfecta. Las lámparas iluminan, los calefactores calientan el agua, las bombas y movimiento mantienen el agua en movimiento y bien oxigenada; todo parece funcionar perfectamente y ha llegado el momento de introducir las plantas y animales según el tipo de acuario elegido.

Tras realizar un último control químico ya podemos pasar a poblar nuestro acuario, comenzando por las plantas. ¿Por qué se empieza por ellas? Los motivos son muchos, pero hay dos fundamentales: en la naturaleza, las plantas aparecen también antes que los animales; la ordenación de las plantas requiere un poco de tiempo y de trabajo, ya que deben plantarse en el acuario teniendo en cuenta no sólo sus exigencias propias, sino la posibilidad de obtener un conjunto bonito y agradable.

En caso de necesidad se pueden usar plantas de plástico; hay imitaciones de un gran número de especies

Si la cubeta ya tuviera los peces dentro, éstos sufrirían inútilmente los resultados de nuestra intervención. Por ello, sin necesidad de considerar otras razones, decidimos colocar las plantas en un primer lugar.

Para elegir las especies podemos leer alguno de los no demasiado abundantes libros sobre las plantas de acuario. Para crear un poco de movimiento se pueden colocar las plantas de pequeño tamaño en la parte anterior de la cubeta y las más grandes hacia el fondo y en las esquinas (v. capítulo anterior). De cada una de ellas hemos de valorar atentamente sus exigencias, capacidad de desarrollo y sistemas de reproducción. Algunas especies, como la Vallisneria, de hojas largas y lanceoladas, no tardan —gracias a sus estolones— en formar una alfombra verde que tenderá a invadir la cubeta, mientras que otras especies con sistemas distintos de reproducción sólo se propagan si nosotros intervenimos. Estos simples consejos (que no

Antes de introducir los peces es indispensable colocar las plantas y esperar algunos días

exactamente reglas estrictas) tienen la finalidad de hacernos reflexionar un poco sobre lo que puede suceder en un acuario. Si uno prevé el crecimiento futuro de las plantas podrá evitar el problema de tenerlas que cambiar de posición en su momento de máximo desarrollo. Es mejor no adquirir demasiadas especies diversas y difíciles de armonizar entre sí, que darían siempre la impresión de haber llegado por casualidad a nuestro acuario. Las plantas que viven en grupo, como muchos *Echinodurus*, deben ser plantadas desde un principio en agrupaciones de varios ejemplares para crear pequeñas comunidades. Tampoco hay que olvidar que un número excesivo de plantas acabará por ocultar los peces y que estos últimos tienen unas exigencias de espacio muy precisas.

Conviene trasplantar las plantas manualmente para evitar que el trasplantador las lesione, en especial si uno es principiante y no sabe aún cómo graduar la presión de las

Para un buen crecimiento de las plantas se precisa un buen estrato de sedimentos

pinzas. Las plantas se sujetan entre el pulgar y el índice, justo por encima de las raíces, y se introducen en un agujero de dimensiones suficientes para que éstas permanezcan abiertas. Una vez colocadas las raíces se procede a cubrirlas uniformemente, procurando que el cuello de la raíz quede por encima del terreno. Como es fácil comprobar, no todas las plantas tienen raíces de las mismas dimensiones, y este dato es importante a la hora de determinar el espesor del fondo. Por ello, conviene guardar algo del material utilizado para el fondo, para poder aumentar el estrato de terreno allí donde sea necesario. Las raíces deben ser luego recortadas para dejar sólo las partes más sanas, no sólo para enterrarlas con más facilidad, sino para favorecer su sujeción.

Aquí finaliza la primera parte de la «naturalización» del acuario; ahora se trata de esperar algunos días para que las plantas se aclimaten, tal vez dejando encendida la luz durante las primeras 48 horas. Como las plantas proceden

Las plantas, como los peces, deben gozar de buena salud; en caso contrario, es mejor utilizar las imitaciones de plástico

de otros acuarios ya organizados, junto a ellas se introducen también bacterias y un cierto porcentaje —aunque muy bajo— de materia orgánica, que favorecerá el crecimiento de las mismas y la maduración de nuestro filtro. Nuestro acuario, no obstante, carece de estas sustancias y por tanto conviene utilizar los productos comerciales para el caso, que aumentan por un lado la velocidad de maduración del agua y del filtro (biocondicionadores) y, por otro, el crecimiento de las plantas gracias a sus elementos fertilizantes. Si el plan de colonización del acuario así lo prevé, podemos introducir ahora algunos peces, mejor los de pequeño tamaño y pocas exigencias, aunque siempre en número muy reducido. De esta forma se iniciará aquel ciclo de la materia orgánica que ya citamos en los primeros capítulos y que transformará nuestro acuario en un ecosistema completo.

INTRODUCCIÓN DE LOS PECES

Ya ha llegado el momento de introducir nuestros peces en el acuario. Al finalizar esta primera etapa de rodaje —y si fuera necesario—, se pueden realizar las modificaciones pertinentes, tras controlar los valores químicos del agua para conocer su evolución y estabilización. Una vez seguros de que todo marcha bien, pasaremos a completar definitivamente nuestro acuario.[1] Para determinar el número de peces a colocar hay que recurrir a reglas empíricas, ya que el cálculo preciso exigiría un equipo de expertos y un laboratorio de análisis bien equipado. Habría que calcular la cantidad de oxígeno presente en la cubeta en función de la temperatura, el consumo de este gas debido al filtro, a la población bacteriana y a los peces, la cantidad de catabolitos producidos, etc. Por este motivo se recurre, en la mayor parte de los casos, a reglas bastante prácticas, pero que resultan útiles.

La determinación del número de peces puede hacerse en función de su longitud, sabiendo que se precisan, por término medio, dos litros de agua por cada centímetro de peces. Ello significa que un pez que mide 1 cm podrá vivir en 2 litros de agua, uno de 10 cm (o diez de 1 cm) en 20 litros de agua, y así sucesivamente. Estas indicaciones, válidas para agua dulce, deben corregirse algo si el acuario es marino, ya que el número de peces, a igualdad de litros, debe reducirse en un porcentaje de 25-30, o bien hacer el cálculo según tres litros de agua por cada centímetro de peces.

Durante el cálculo del volumen de agua de la cubeta no hay que olvidarse de restar el volumen ocupado por la

---

1. Para los criterios de selección de especies para acuario, consultar *ABC del acuario de agua dulce* y *El gran libro de los peces de acuario*, Editorial De Vecchi.

arena, las rocas, el filtro y los restantes elementos decorativos contenidos en el acuario.

Una vez calculado el número teórico de peces que puede contener el acuario, sólo resta comprarlos (de forma gradual, como ya se ha dicho) según la experiencia y gustos de cada cual, observando la compatibilidad entre las diversas especies y las dimensiones que pueden llegar a alcanzar en el acuario. Es difícil que puedan llegar a sobrevivir juntos 10 peces de 3 cm de largo, que alcancen en estado adulto una longitud de 10 cm. Es mejor tener paciencia y esperar a que crezcan sanos.

Cuando llegamos a casa después de comprar los peces, y antes de introducirlos en su nuevo hogar, conviene apagar las luces del acuario y realizar el trasvase sólo con la luz natural que haya en la sala. Antes de transferir los peces, se sumerge en el acuario la bolsa que ha servido para su transporte, con el fin de estabilizar la temperatura. A continuación se practican algunos agujeros en la bolsa para que el agua de ésta se mezcle lentamente con la del acuario; por último, puede procederse a abrir por completo la bolsa para que los peces naden libremente. Es mejor continuar con las luces apagadas para que los animales se acostumbren a la nueva cubeta y tomen confianza con su nuevo ambiente. Después de algunas horas se pueden encender las luces y suministrar algo de alimento, observando el comportamiento de los nuevos inquilinos para ver si se sienten a gusto y no muestran signos de malestar.

En este momento, con el acuario recién poblado y los peces dedicados al descubierto del nuevo mundo preparado para ellos, uno se siente un verdadero acuarófilo y comienza a descubrir el placer de poseer un acuario, un placer muy especial compuesto de sensaciones difíciles de

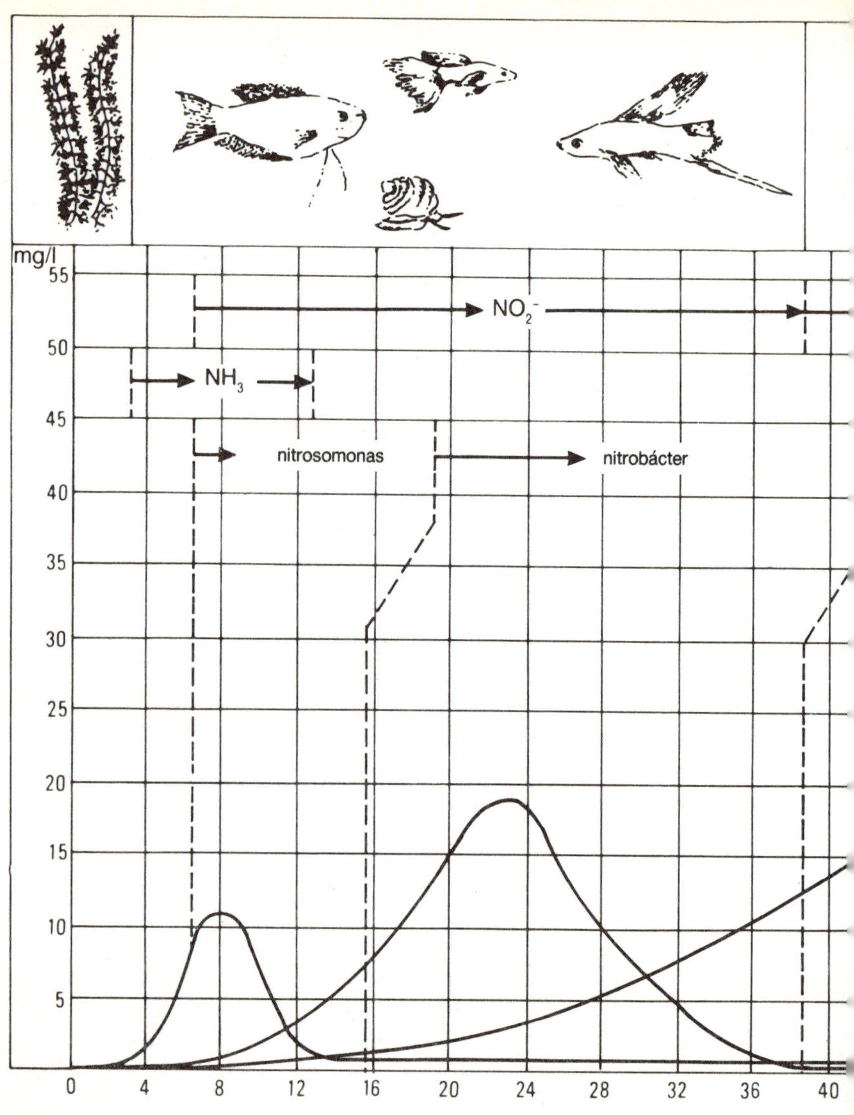

La introducción de los organismos en el acuario debe realizarse progresi-vamente para evitar la acumulación rápida de los compuestos tóxicos. El gráfico muestra las fases de toxicidad de los compuestos nitrogenados, debidas a la actividad de las bacterias nitrosomonas y nitrobácter (las

108

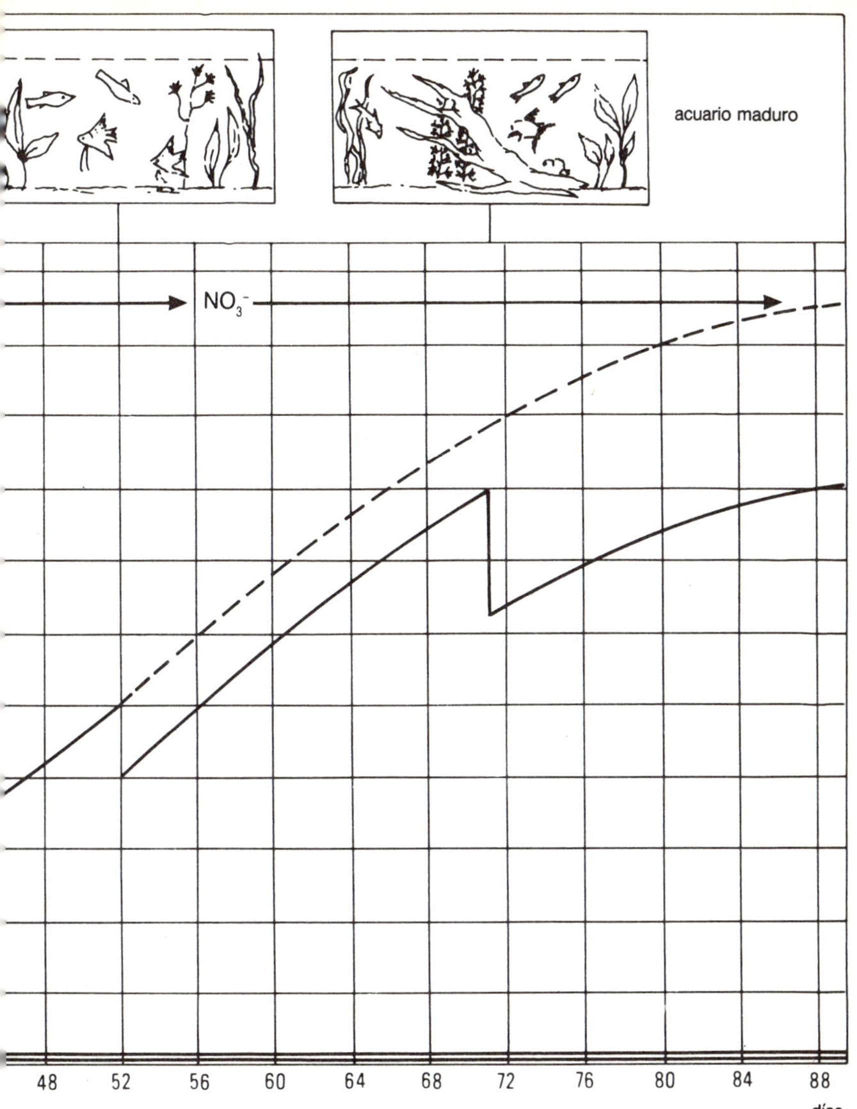

líneas discontinuas indican el grado de toxicidad en mg/l día a día). La introducción de los peces se hace gradualmente, siempre después de las plantas, empezando por los menos sensibles. El nivel de nitratos (NO$_3^-$) se controla mediante sustituciones periódicas del agua describir a quien aún no las haya vivido. Por esto finalizamos este capítulo con una recomendación en forma de cuadro.

LOS PRINCIPALES TIPOS DE ACUARIO

1. *Acuario de agua dulce fría*
   a) peces y plantas
   b) plantas

2. *Acuario mediterráneo*
   a) peces
   b) invertebrados

3. *Acuario tropical de agua dulce*
   a) peces y plantas
   b) plantas (acuario holandés)

4. *Acuario marino tropical*
   a) peces
   b) invertebrados

Los accesorios

- **Productos químicos para el análisis**
- **Elementos a controlar**
- **Accesorios para la limpieza**
- **Aparatos para el control del agua**

En los capítulos anteriores nos hemos ocupado de todo lo necesario para instalar un acuario y de los requisitos más importantes: oxígeno, luz, calor. En las páginas siguientes examinaremos, por el contrario, todos aquellos accesorios que un aficionado acaba por adquirir, ya sea porque resultan indispensables o para conseguir una mejora constante de la cubeta, objetivo al que aspira todo buen acuarista.

Estos accesorios son los siguientes: un equipo para realizar análisis químicos, utillaje para la limpieza, temporizadores, distribuidores automáticos del alimento, ozonizadores, espumadores, esterilizadores y difusores de CO_2 (anhídrido carbónico).

PRODUCTOS QUÍMICOS PARA EL ANÁLISIS

Si el término «accesorio» le hace creer que este material no es esencial para el acuario, no tendrá más remedio que cambiar de opinión, como mínimo en lo que respecta a los sistemas de control químico, ya que éstos son totalmente necesarios. Cuando compre el acuario, pida también el equipo correspondiente para el análisis químico, si es que el vendedor no se lo sugiere ya desde un principio. A medida que aumenta la propia experiencia sobre el mundo de los acuarios, la observación de los indicadores biológicos (plantas y animales) suele bastar para saber el estado de salud de la cubeta; sin embargo, nunca está de más poder comprobar sospechas mediante un simple examen químico.

Los equipos que existen en los comercios permiten realizar con un alto grado de fiabilidad las comprobaciones normales de todo acuario (los mismos productos se usan también en laboratorios equipados y en grandes instalaciones de cultivos acuáticos para proceder a las mediciones rutinarias). Se han conseguido sistemas analíticos que combinan la simplicidad de uso con la buena precisión en los resultados y que pueden ofrecer informaciones que responden realmente a las necesidades de un acuario. Su utilización es muy sencilla, ya que todos los *test* disponibles se basan en el principio colorimétrico. Mediante la adición de ciertas sustancias, que varían de un análisis a otro, se provoca una modificación en el color de la muestra cuyo significado se interpreta después, según una escala comparativa.

En los modelos más sencillos se trata de una tira de papel plastificado, que reproduce los códigos de color y que sirve para compararla con el color obtenido durante el análisis. En otros casos existen discos colorimétricos de mayor precisión, que permiten realizar análisis más detallados del agua. Lo importante, en cualquier caso, es trabajar con una buena fuente de luz blanca (una habitación iluminada por el sol es ideal), a fin de valorar sin interferencias los colores obtenidos, sobre todo en lo que respecta a los colores más bajos del espectro.

ELEMENTOS A CONTROLAR

La lista de los análisis posibles aumenta de año en año; aquí presentamos los considerados como indispensables, de los que analizaremos su significado (entre paréntesis aparece el símbolo químico o la abreviatura habitual, a veces ya mencionada en el libro).

Acidez y alcalinidad del agua (pH)

Este análisis permite decir si el agua se aparta mucho o poco de la neutralidad (que, por convención, representa un pH de valor 7) y si esta desviación es la ideal para los peces y plantas del acuario. Existen organismos que prefieren aguas ligeramente ácidas (valores de pH < 7); mientras que otros, como los marinos, viven constantemente en aguas básicas o alcalinas pH > 7). Es por ello que los ensayos de control para aguas dulces abarca valores de 4,8 a 7,5, mientras que los de las aguas marinas oscilan entre 7,5 y 9.

La electrónica ha permitido, también en este campo, la fabricación de medidores de pH portátiles de coste asequible y rápidamente amortizable, que permiten control más rápido y preciso mediante la simple inmersión de una sonda en el agua a controlar. Hay que decir que estos aparatos deben calibrarse de vez en cuando con líquidos de pH conocido.

La operación suele ser muy sencilla y, por lo general, no requiere más que girar el tornillo de regulación con un destornillador.

Dureza (dGH y dKH)

Con estos análisis se puede determinar la cantidad de sales disueltas en el agua, lo que hace que un agua sea más o menos dura.

Las distintas especies de peces ornamentales y de plantas para acuario tienen exigencias distintas respecto a la dureza del agua, su lugar de procedencia. Algunas prefieren aguas poco duras, mientras que otras no parecen ser muy sensibles a este parámetro. Las dos siglas citadas, dKH y dGH, se refieren a la dureza del agua, pero con nombres distintos: la primera indica la dureza temporal, llamada también carbónica, responsable de los depósitos blanquecinos que aparecen en las ollas utilizadas para hervir el agua; la segunda, por el contrario, se refiere a la dureza total.

La dKH tiene en cuenta básicamente el contenido de carbonatos y bicarbonatos de calcio y magnesio, mientras que la dureza total depende también de la presencia de sulfatos, cloruros y nitratos, responsables de la llamada dureza permanente.

A propósito de este parámetro, sería conveniente indicar aquí que en los acuarios de agua dulce no conviene utilizar materiales calcáreos en la instalación, debido a los fenómenos típicos de estas aguas; [1] la utilización de estos materiales obligaría a establecer una lucha contra la dureza, lucha que nos haría malgastar tiempo, esfuerzo y

1. Consultar, a este respecto, *ABC de los acuarios de agua dulce*, Editorial De Vecchi.

dinero, para al final tener que rehacer el acuario con materiales más indicados. Aunque sea a título anecdótico, estas pruebas permiten también determinar la dureza del agua utilizada para beber (que seguramente será la misma usada en el acuario).

Amoníaco, nitratos y nitritos (NH_3, NO_2^-, NO_3^-)

Al tratar los filtros ya hemos hablado ampliamente de estos compuestos nitrogenados y de su importancia; remitimos por tanto al lector al capítulo correspondiente (v. pág. 33).

Oxígeno (O_2)

Su determinación requiere un análisis algo más complicado que los restantes y sólo lo realizan aquellos acuariófilos más exigentes, ya que, por lo general, es raro que este parámetro resulte negativo en un acuario.

Anhídrido carbónico (CO_2)

Los amantes de los acuarios con muchas plantas son unos acérrimos defensores de este ensayo, dada la importancia de este gas —por lo general, escaso en los acuarios— para el metabolismo de las plantas (v. pág. 121 a propósito de los difusores de CO_2).

Cloro (Cl_2)

Es muy frecuente que el agua utilizada para llenar el acuario sea la del grifo y ésta, para que sea potable, ha experimentado tratamientos de desinfección con cloro; por ello puede resultar útil determinar la concentración de esta sustancia en el agua. No obstante, basta con esperar algunos días para que el cloro desaparezca casi por completo, por lo que este análisis es bastante superfluo.

Densidad

Este parámetro se halla relacionado exclusivamente con el agua marina y permite controlar la salinidad de una forma sencilla. La densidad se mide con un aparato muy sencillo, el densímetro, que se parece a un termómetro flotante. Está construido de tal forma que se hunde más o menos en el agua según su −precisamente− densidad, lo que permite controlar la concentración salina de la cubeta mediante una escala graduada.

Para concluir, haremos una lista de los análisis de los que no se puede prescindir (hay que decir que en los comercios especializados existen ensayos colorimétricos para tipos de análisis muy variados). Según nuestra opinión, existe uno absolutamente imprescindible: el control de los compuestos nitrogenados, que nos permite seguir la evolución del filtro y comprobar el estado general de salud del acuario: la necesidad o no de intervenir en él (cambio del agua, sustitución del material filtrante, etc.).

Otro parámetro a controlar es el pH, dada su influencia sobre la vida de los organismos y sobre la concentración de amoníaco. Estos análisis son indispensables tanto en los acuarios marinos como en los de agua dulce. En estos últimos es preciso controlar también la dureza, mientras que en los marinos conviene examinar la densidad.

En lo que respecta a los otros ensayos indicados, cada aficionado podrá decidir los que más le interesan o convienen.

ACCESORIOS PARA LA LIMPIEZA

Se trata de aparatos muy sencillos, pero tremendamente útiles para prolongar la vida del filtro y mantener en buen estado el acuario. Entre los accesorios de este tipo más sencillos se encuentran, sin duda, los aspiradores de residuos, de los que existen modelos eléctricos, modelos que se conectan al ventilador, simples tubos de burbujas combinados con la aspiración manual (en este caso, bucal), o bien los tubos de goma. Los usados para trasvasar el vino, que disponen de una válvula de cierre son ideales. El objetivo de estos accesorios es el de aspirar la suciedad que se acumula en el fondo de la cubeta y no es eliminada por el filtro, ya sea por falta de corriente o por ser demasiado pesada. Una limpieza de fondos cada 3-4 semanas y la

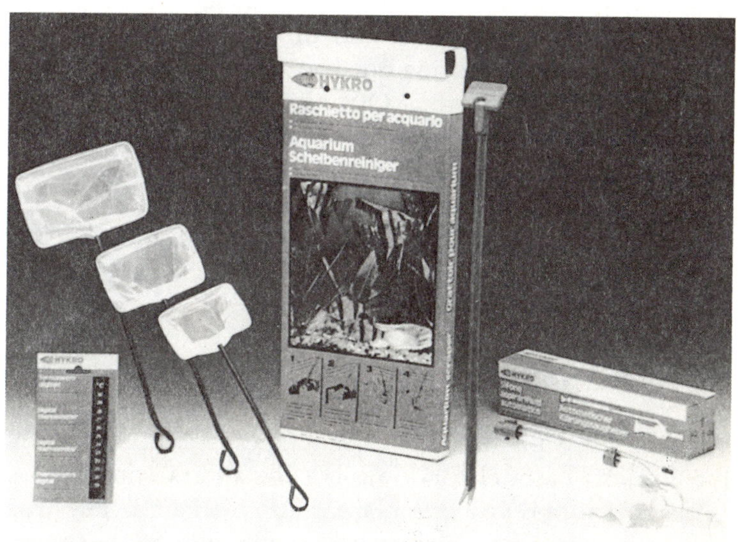

Algunos accesorios indispensables para el mantenimiento de los acuarios

reintroducción del agua eventualmente eliminada (controlar las características de la misma) complementarán el trabajo del filtro y garantizarán una mayor duración del mismo.

Otro accesorio interesante de limpieza es el limpiador de cristales, cuyo nombre indica ya la función: se utiliza para eliminar la antiestética pátina de algas que tiende a formarse sobre las paredes del acuario al cabo de un cierto tiempo y que ofusca la visión. Algunos tipos disponen de una esponjita magnética colocada en el interior de la cubeta que se desplaza mediante un imán situado fuera del acuario. Como es fácil suponer, durante el uso de esta esponja hay que evitar todo tipo de movimientos rápidos, ya que el agua frena sus movimientos y si pierde el contacto con el imán externo caerá al fondo del acuario, de donde será preciso rescatarla. También es difícil pasar de una pared a otra por la existencia de esquinas. Una buena solución consiste en atar un cordel a la esponja y éste a un corcho, de forma que bastará con tirar de él para recuperar la esponja caída. Otros aparatos se parecen más a los cepillos limpiacristales y tienen unos cabezales desmontables con cuchilla para rascar la pátina de suciedad incrustada sobre los vidrios. Estos modelos no deben ser utilizados en cubetas de material plástico y requieren mucha paciencia, dada la escasa superficie de la cuchilla y la necesidad de mantenerla en una posición adecuada para la limpieza.

Entre los accesorios pertenecientes a esta categoría también hay que mencionar los aparatos destinados al cuidado de las plantas. Por lo general es incómodo sumergir el brazo hasta el fondo de la cubeta para eliminar los hojas amarillas o volver a plantar una planta que nuestros peces han arrancado. Por suerte existen a la venta tijeras, trasplantadores y pinzas que nos permiten efectuar cualquier trabajo con menor esfuerzo y mayor precisión, en especial porque permiten ver a través del vidrio lo que estamos haciendo.

APARATOS PARA EL CONTROL DEL AGUA

Temporizadores

La tecnología avanza también en el campo de la acuariofilia y cada día aumenta más el número de aficionados que recurren a estos aparatos, confiándoles funciones diversas: encendido y apagado de las lámparas, de forma gradual para evitar un cambio demasiado brusco (v. pág. 82), distribución de la comida por medio de aparatos automáticos, conexión de ventiladores suplementarios, de ozonizadores, etc. La utilidad de estos mecanismos se hace evidente en el momento de las vacaciones, cuando nuestro acuario se queda solo durante algunas semanas. Como estos aparatos deben trabajar sin control alguno, es inútil insistir en que deben ser totalmente fiables.

Espumadores, ozonizadores, lámparas UV

Son aparatos que siempre tienen un lugar en el acuario, en especial por sus características de uso y también por su coste. El más sencillo y barato es el espumador, un tubo muy simple sumergido en la cubeta y que acaba en un vasito fijo. Dentro del tubo se insufla aire, el cual pasa a través de una piedra porosa, creando así una columna de burbujas en contacto con el agua. El mezclado del líquido lleva a la formación de una espuma cada vez más densa en la superficie, que termina por acumularse en el vasito.

Para que el aparato siga funcionando hay que proceder a vaciar periódicamente el vaso del líquido pardusco que lo llena. Este accesorio es especialmente eficaz y recomendable en los acuarios marinos (aunque también resulta útil en los de agua dulce) y se coloca en la primera cámara del filtro. La función de este aparato es la de eliminar las llamadas albúminas, proteínas derivadas de la descomposición de la sustancia orgánica en el acuario que acaban oxidándose debido a la acción del filtro; como el espumador las elimina antes, evita que el filtro tenga que hacer este trabajo.

A veces se combina el espumador con un ozonizador que se conecta, a su vez, a un ventilador. Este aparato tiene la particularidad de crear moléculas de ozono, un gas parecido al oxígeno, pero con tres átomos en lugar de dos, a través de una serie de descargas eléctricas (efecto similar a un rayo en el aire). El fuerte poder oxidante de este gas ayuda a evitar muchas enfermedades en el acuario, oxida las sustancias orgánicas y mantiene el agua cristalina. En el caso de acuarios grandes y tropicales, con invertebrados tipo anémonas, corales blandos y madréporas, su utilización a intervalos regulares es muy útil. Su eficacia disminuye al aumentar la temperatura y el pH y mejora si el flujo de aire se hace pasar por un tubo donde el agua discurre en sentido opuesto. El que quiera adquirir un aparato de este tipo deberá informarse primero sobre sus precisas modalidades de uso, riesgos posibles, materiales a utilizar (es necesario usar tubos de silicona, porque el ozono destruye muchos materiales), etc.

Las lámparas de rayos ultravioleta o UV son menos complejas. Se trata de accesorios útiles (lo que no significa indispensables) para la curación de infecciones de los peces. Por lo general se trata de lámparas bien aisladas, en torno a las que se hace pasar una capa delgada de agua, que queda prácticamente esterilizada gracias al poder bactericida de los rayos ultravioleta. Estas lámparas duran meses si se utilizan de forma continua; después, es preciso sustituirlas ya que pierden eficacia.

Difusores de CO_2

Junto a los accesorios citados anteriormente podemos mencionar, para concluir nuestro listado, los difusores de CO_2, especialmente útiles para cuidar los acuarios con mucha vegetación, como los denominados *acuarios holandeses*. Se trata de bombonas pequeñas llenas de anhídrido y unidas a tubos especiales de difusión que se aplican en el interior de la cubeta y que permiten una liberación gradual del gas en el agua. Para usar este aparato es preciso controlar con una cierta frecuencia el pH de la cubeta, porque el anhídrido carbónico, al disolverse en forma de ácido carbónico, tiende a reducirlo.

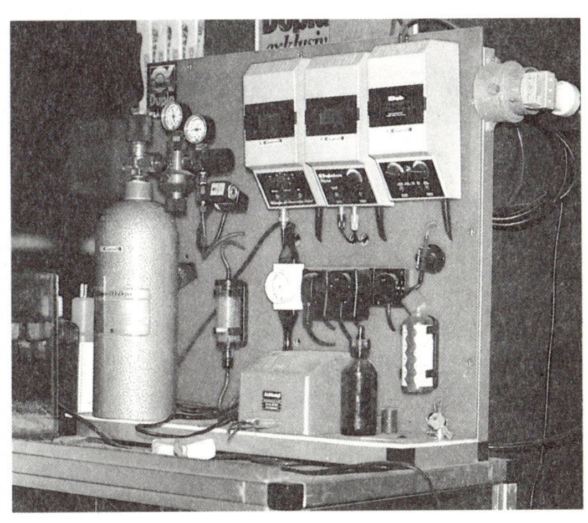

Panel de control para el crecimiento de las plantas, conectado a una bombona de anhídrido carbónico; este sistema resuelve muchos problemas, pero requiere un cierto espacio

El mantenimiento del acuario

- **Mantenimiento diario**
- **Mantenimiento semanal**
- **Mantenimiento mensual**
- **Mantenimiento anual**
- **Mantenimiento según necesidades**

El acuario requiere una atención constante. Existe un mantenimiento habitual, totalmente indispensable, ya que las intervenciones tardías y de emergencia, que suelen ser consecuencia de situaciones de alteración grave, no acostumbran a dar buen resultado. Es cierto que un acuario bien equilibrado reduce al mínimo la necesidad de intervenir (al margen de los controles); pero ello no significa que esto nos autorice a no hacer nada. Pasamos, por tanto, a citar las operaciones a llevar a cabo.

MANTENIMIENTO DIARIO

Dedicar unos diez minutos al día a la observación del acuario no sólo es algo agradable, sino también útil; así se puede controlar la temperatura, el funcionamiento de los aparatos, el comportamiento de los peces (primer síntoma de su estado de salud) y su apetito. Respecto al suministro de alimento, no hay que limitarse a tirar algunos trocitos en la cubeta sin ningún criterio: es mejor dosificarlo de forma gradual subdividiendo la ración cotidiana, para intentar que todos los peces se nutran suficientemente y no sólo los más grandes y prepotentes. Entre un suministro y otro hay que esperar que los peces terminen el alimento anterior; así se evitará la acumulación de sustacia orgánica inútil en el fondo y se nutrirán mejor todos los ejemplares. También hay que aprender a conocer los peces y a contarlos cada vez. Si hay muchos, es posible que uno de ellos muera y permanezca oculto de la vista mientras se descompone. Si el pez es pequeño, esto no suele ser un problema y el animal muerto se convierte en una fuente suplementaria de alimento para sus compañeros de cubeta. Pero si es grande, hay que sacarlo del acuario antes de que éste se convierta en un lugar inhabitable. Hay que sacar también las hojas muertas y observar tanto las plantas como los peces; las primeras también pueden proporcionar una información muy importante sobre el estado general del recipiente.

MANTENIMIENTO SEMANAL

Después de desenchufar los contactos eléctricos, se procede a limpiar el fondo para eliminar la suciedad acumulada en las esquinas y rincones apartados, que siempre existen en los acuarios. Hay que controlar la eficacia de los difusores y las bombas, comprobando si el aire y el agua fluyen de una forma regular. En caso contrario, se procede a su limpieza. En los tubos por los que pasa el agua es posible que se forme una pátina de algas que tiende a

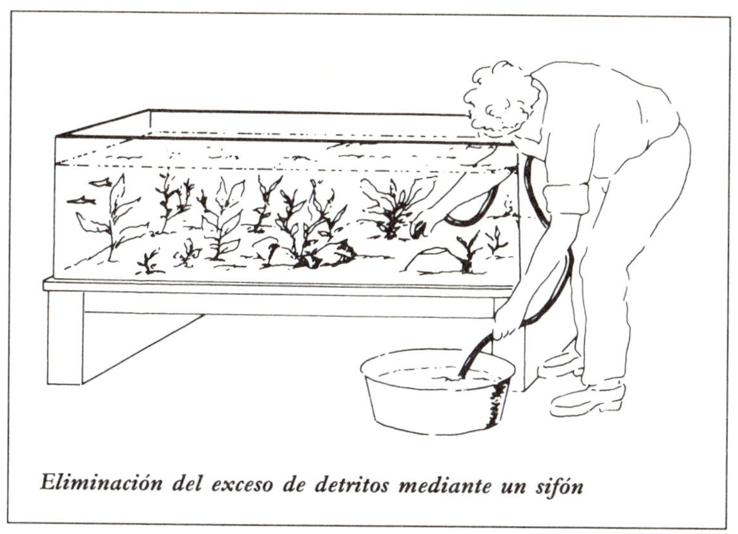

Eliminación del exceso de detritos mediante un sifón

frenar el flujo. Es preciso recuperar el agua extraída durante el proceso de aspiración después de haberla filtrado para eliminar la suciedad.

Cada quince días (si el acuario está en buen estado) se procederá a controlar los valores químicos del agua mediante un equipo adecuado (v. capítulo «Los accesorios»), interviniendo de forma precisa para restablecer los valores normales cuando fuera necesario.

MANTENIMIENTO MENSUAL

Una vez al mes hay que llenar la cubeta con agua hasta el nivel normal para compensar las pérdidas por evaporación, asegurando que las características del agua añadida sean compatibles con las del acuario. En el caso de los acuarios marinos no hay que añadir agua salada (si se trata únicamente de recuperar el nivel), sino agua dulce: las sales no se evaporan; es sólo el agua la que se escapa del acuario.

Si los exámenes químicos revelan una acumulación excesiva de compuestos nitrogenados, ha llegado el momento de sustituir parcialmente el agua, cambiando el 20 % de la misma.

También hay que eliminar la suciedad acumulada en la primera cámara del filtro y limpiar, aunque sea de una forma somera, el filtro mecánico. No hay que tocar su parte biológica.

También hay que controlar los contactos de los aparatos eléctricos, sobre todo los colocados en el interior de la cubeta, para evitar la oxidación y la pérdida de eficacia. Se procederá asimismo a eliminar las incrustaciones calcáreas o bien las salinas (con agua) que se forman sobre las lámparas, disminuyendo su eficacia.

MANTENIMIENTO ANUAL

Se procede a controlar el estado de las plantas, aclarando las que se han desarrollado demasiado y sustituyendo las muertas.

Se cambian las lámparas fluorescentes, ya que van perdiendo poco a poco sus características.

Se controlan los ventiladores y el estado de la membrana.

Se limpian las bombas y se efectúa el mantenimiento según los consejos del fabricante.

Se sustituyen los materiales del filtro mecánico y, si fuera necesario, los del biológico, ya sea porque el valor de los nitratos tienden a ser siempre muy alto y los nitritos no disminuyen con la velocidad de antes aun

En un acuario bien instalado y de dimensiones suficientes, se puede incluso tener pequeños escualos durante un cierto tiempo

después de haber cambiado el agua, o bien porque ésta no esté siempre limpia y transparente. En el filtro biológico hay que sustituir tan sólo los materiales que están realmente muy sucios y alterados, limitándose a limpiar superficialmente con agua los restantes para no eliminar del todo las bacterias existentes. No hay que olvidar que tras una intervención de este tipo el acuario vuelve a partir casi de cero, aunque la maduración del filtro será mucho más rápida debido a la presencia de poblaciones bacterianas equilibradas.

Impreso en España por
LIMPERGRAF, S. L.
Calle del Río, 17. Nave 3
Ripollet (Barcelona)